高等职业教育系列教材　汽车专业

U0367557

新能源汽车维护与故障诊断

主　编　王　辉　张乐平　罗　易
副主编　周学斌　艾　广　邹东文　梅健康
参　编　姜小东　谢成嗣

南京大学出版社

内容介绍

　　《新能源汽车维护与故障诊断》是新能源汽车技术专业职业教育创新教材之一。全书围绕新能源汽车三横三纵重点内容展开。包括六个项目、十七个工作任务，主要介绍了新能源汽车维护与保养、新能源汽车高压安全、新能源汽车故障诊断技术基础、纯电动汽车故障诊断与排除、混合动力汽车故障诊断与排除、新能源汽车典型故障诊断与排除。重点介绍比亚迪、吉利和北汽新能源主流车型，并配备维修手册、技术文件、培训视频、动画、PPT课件等优质教学资源，融入国际职业标准，以及新工艺、新技术、新规范。突出职业道德、职业精神与职业技能培养并重的特点，保证教学过程与生产过程的有效对接。内容安排上，将"1+X"等级证书的新能源模块内容与课程内容有机融合，穿插大量丰富清晰的彩色图片，配合生动的信息化资源，有利于不断激发学生的学习兴趣，树立课程良好的使用口碑。本书可作为职业院校新能源汽车技术专业的教学用书，也可作为新能源汽车企业培训用书和相关技术人员的参考书。

图书在版编目（CIP）数据

新能源汽车维护与故障诊断/王辉，张乐平，罗易
主编. —南京：南京大学出版社，2021.6
　　ISBN 978－7－305－24483－4

Ⅰ.①新⋯　Ⅱ.①王⋯　②张⋯　③罗⋯　Ⅲ.①新能源
－汽车－车辆修理－职业教育－教材　②新能源－汽车－故
障诊断－职业教育－教材　Ⅳ.①U469.707

中国版本图书馆 CIP 数据核字(2021)第 090618 号

出版发行	南京大学出版社
社　　址	南京市汉口路 22 号　　　邮编　210093
出 版 人	金鑫荣
书　　名	**新能源汽车维护与故障诊断**
主　　编	王　辉　张乐平　罗　易
责任编辑	吕家慧　　　　　　编辑热线　025-83597482
照　　排	南京开卷文化传媒有限公司
印　　刷	南京新洲印刷有限公司
开　　本	787×1092　1/16　印张 13.5　字数 330 千
版　　次	2021 年 6 月第 1 版　2021 年 6 月第 1 次印刷
ISBN	978－7－305－24483－4
定　　价	49.80 元

网　　址	http://www.njupco.com
官方微博	http://weibo.com/njupco
微信服务号	njuyuexue
销售咨询热线	025-83594756

扫一扫可免费
获取教学资源

前　言

本书主要从高职学生所必备的基础技能出发，结合智能新能源"1＋X"证书考核任务进行针对性的强化训练，使高职学生快速掌握新能源汽车辆维护和常见故障排除方法，并具备诊断故障思维的能力。本书包含新能源汽车市场主流车型车辆维护、新能源汽车高压安全、新能源汽车故障诊断技术基础、纯电动汽车故障诊断与排除、混合动力汽车故障诊断与排除、新能源汽车典型故障诊断与排除，具有较强的实用性。在内容上强调入门性、基础性，并在书中展示丰富的教学资源，采用任务驱动方式展开介绍，内容组织由浅入深，实用性较强。同时安排单元考核，包含理论和实操考核。本书具有以下特色：

1. 注重学生个性与创新精神及实践能力和动手能力的培养，注重技能型、紧缺型人才的培养，以实用、够用为原则，体现职业教育特色，紧密跟踪新能源行业的发展。

2. 从实用性人才培养原则出发，内容全面、重点突出、资料新颖、数据准确、层次分明。在理论体系、组织结构和文字论述方面均有新的尝试，能够满足新能源汽车技术领域实用型高素质人才的需要。

由于新能源汽车维护与故障诊断所涉及的知识面和技术非常多，要充分考虑如何让学生在有限的时间内学到最有效的专业技能。对新能源汽车维修专业学生进行课程体系设置时，依据工作任务完成的需要以及职业院校学生的学习特点和职业能力形成的规律，按照线上教学和线下实践的设计要求确定课程的知识、技能等内容，并根据各学习项目的内容总量以及在该门课程中的地位分配各学习项目的课时数。充分体现院校的特色培养体系，对学生的职业道德和创新精神进行培养，使院校培养出的学生不仅具有专业的新源汽车维修技能，而且具有较高的职业道德，加强企业对学生的认可，为学生获得更好的发展前途奠定坚实的基础。

本书由长江职业学院王辉主编。项目一、项目二和项目五由长江职业学院王辉编写。项目三由武汉技师学院周学斌和麻城理工中等职业学校梅健康编写。项目四由咸宁职业技术学院罗旸、仙桃职业学院艾广和湖北三峡职业技术学院邹东文编写。项目六由江西现代职业技术学院张乐平、武汉城市职业学院谢成嗣和武汉机电工程学校姜小东编写。全书由张俊主审。在编写过程中参考并引用了部分车型培训资料，在此谨向相关作者表示衷心感谢！由于编者学识和水平有限，错漏之处在所难免，敬请批评指正。

编　者

2021 年 3 月

目　录

新能源汽车
维护与保养

项 目 一

项目说明

新能源电动汽车和传统汽车驱动方式有些差别,但依然要进行日常的保养维护。两者保养最大的区别就是:传统汽车主要针对发动机系统的保养,需要定期更换机油机滤等;而电动汽车主要是针对电池组和电动机进行日常的养护。随着使用时间的推移,功能性组件的性能磨损、老化、腐蚀等原因,可能致使行车安全性能逐渐降低,定期按照规定进行保养,才能保障新能源汽车的安全行驶。

项目目标

1. 能独立按照维修手册制订工作计划,培养学生综合职业能力
2. 能严格执行新能源汽车维护与保养作业的规范,独立执行新能源汽车维护内容
3. 能自主学习并且将获得新知识、新技能,运用在新的实践中
4. 能严格执行新能源汽车安全规定并具有能源节约和环境保护的意识

教学内容

在新能源汽车常见维护作业范围内,能自主学习和运用专业知识与技能,有目的地按专业要求和维修手册、技术规范,严格执行新能源汽车维护与保养作业规范,合理使用工具仪器完成新能源汽车维护工作内容,并对工作结果有效评估,培养学生综合职业能力。因此,要独立完成作业内容不仅要掌握新能源汽车维护与保养操作规范流程,还要掌握新车使用PDI内容以及快/慢充电正确操作技巧。本项目通过两个任务学习内容,完成新能源汽车维护与保养作业项目并掌握车间维修安全用电注意事项。

任务一　新能源汽车使用与检查

一、新能源汽车的维护与保养

大数据、人工智能、新能源等高科技以迅雷不及掩耳的势头逐渐成为生活中不可或缺的一部分，特别是新能源汽车的迅速普及，让人们切实感受到科技的进步。据中国汽协数据显示，2018 年 1 月—9 月国内传统汽车销量整体下滑 11.55％，新能源汽车销量 73.5 万辆，同比增速高达 72％，可以感受到新能源汽车的发展已经进入快车道。随着新能源汽车技术的逐渐成熟，加上政府的大力扶持和高度关注，新能源电动汽车的技术问题和安全问题是有保障的。但是由于新能源汽车在构造上和传统汽油车大不相同，很多人都用保养传统汽车的方法来保养新能源电动汽车，所以在错误的使用习惯和保养习惯下，汽车的寿命会减少，发生事故的概率会增大。

汽车需要进行保养，才能充分保持车辆的优势性能，保障驾乘安全。新能源汽车也不例外，但是由于新能源汽车的动力结构与传统能源车不同，在保养方面也有所区别。下面就来介绍一下关于新能源汽车的养护知识。

新能源汽车与汽油车两者在保养上的区别很大：传统汽车主要针对发动机系统的保养，需要定期更换机油机滤等；而纯电动汽车是靠电机驱动，不需要机油、三滤、皮带等常规保养，主要是对电池组和电动机进行日常的养护，并保持其清洁即可，由此可见电动汽车的保养比传统汽车省事很多。

电动汽车保养内容主要包括：

① 更换减速器齿轮油；
② 对底盘固定点进行紧固；
③ 检查车辆涉及的高压接插件是否出现松动、进水、氧化和腐蚀；
④ 对电池包均衡性进行判定。

（一）新能源汽车基本保养部位

此次保养的车辆是以"比亚迪·唐"车型为例，正式保养开始之前，服务店的工作人员给车辆套上了售后服务六件套，以便在保养过程中保持车辆的整洁和有序，如图 1-1、图 1-2 所示。

图 1-1　售后服务六件套

图 1-2　安装售后六件套

套上六件套之后,来看一下新能源汽车保养的专用工位以及新能源汽车保养时会用到的专业绝缘工具,如图1-3、图1-4所示。

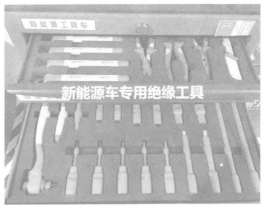

图1-3　新能源汽车专用维修工位　　　　图1-4　新能源汽车专用绝缘工具

有干净、整洁、安全的环境和专用的绝缘工具,就可以进行新能源汽车保养的操作了。

1. 新能源汽车保养第一项——外观检查

外观检查顾名思义就是对车辆外在各部件进行检查与维护,包括车内各开关、组合仪表、方向盘、安全带、雨刷等部件,其中重点检查轮胎胎压、轮胎螺丝等重要部件。如图1-5所示为检查轮胎胎压,如图1-6所示为检查轮胎螺丝。

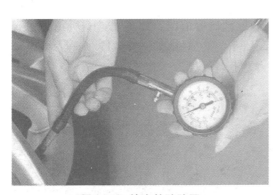

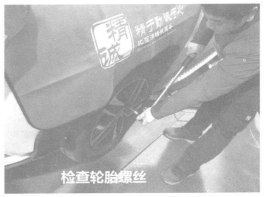

图1-5　检查轮胎胎压　　　　　　　图1-6　检查轮胎螺丝

2. 新能源汽车保养第二项——油液检查

比亚迪·唐是混合动力汽车,所以这里包含燃油车的常规保养项目,其他的新能源电动汽车就只需检查防冻液、制动液、玻璃水等液体,根据检查情况确定添加或更换。如图1-7所示为检查制动液,如图1-8所示为检查发动机机油。

图 1-7　检查制动液

图 1-8　检查发动机机油

3. 新能源汽车保养第三项——底盘检查

底盘检查主要是检查油液是否有渗漏、底盘零部件是否变形、紧固底盘螺栓等。如图 1-9 所示为检查底盘。

4. 新能源汽车保养第四项——高压部件检查

除了常规的检查保养之外，新能源汽车还需要对高压系统线路接插件、高压元件外观、动力电池包外观进行检查，确认是否有松动、磕碰等情况。如图 1-10 所示为检查高压系统接插件，如图 1-11 所示为检查动力电池包外观。

图 1-9　检查底盘

图 1-10　检查高压系统接插件

图 1-11　检查动力电池包外观

5. 新能源汽车保养第五项——系统模块检测

系统模块检测，主要通过比亚迪 VDS1000 专用诊断仪，对全车各个模块进行扫描，确认各系统工作状态，观察动力电池的工作参数，如果发现异常情况，可及时进行处理。除此之外,对整车各个模块进行扫描,以检查是否有软件需要更新,如有更新则及时进行处理。如图1-12所示为专用诊断仪检测。

以上,便是新能源汽车保养的常规流程,除此之外,比亚迪汽车服务店还有保养增值服务,如图1-13所示,新能源汽车的保养增值服务就是清理轮胎杂物,不要小看这一项服务,轮胎杂物的危害不容小觑,如图1-14所示为轮胎杂物的危害性内容。

图1-12　专用诊断仪检测

图1-13　清理轮胎杂物

图1-14　轮胎杂物的危害性内容

到这里,新能源汽车的保养就完成了,经历细致专业的检查保养,整个车的颜值也提升了不少。在这里要提醒新能源汽车车主,自购车之日起,要按照以下规定期限到汽车4S店进行强制走合保养。磨合期保养内容见表1-1。

表1-1　磨合期保养内容

车型	免费强制走合保养周期 (时间或总里程数,两者以先达到者为准)	免费保养项目
混合动力车型	自购车之日起6个月或行驶里程3 500公里以内	发动机机油、机油滤清器
纯电动汽车型(E6)	自购车之日起6个月或行驶里程5 000公里以内	齿轮油
纯电动汽车型(E6除外)	自购车之日起6个月或行驶里程12 000公里以内	保养检查

免费强制走合保养后,按照以下周期进行一次定期保养,时间或总里程数,两者以先到达者为准。定期保养内容见表1-2。

电动汽车在使用过程中,要留意汽车用电的情况,估算应该什么时候为汽车充电,以及隔多长时间充一次电。电池的用量可以通过电压表盘来显示,当指针从"H"降到"L"附近时,就意味着要为汽车充电了。要注意的是,尽量不要用到没电,因为到了一定的公里数,汽车就很明显动力下降,再勉强行驶,会大幅度地降低电池寿命。

表 1－2　定期保养内容

车型	定期保养周期 （时间或总里程数，两者以先达到者为准）	保养项目
混合动力车型	12 个月或 7 500 公里	参照用户手册 《保养计划项目表》执行
纯电动汽车型	6 个月或 12 000 公里	

（二）新能源汽车所需要的额外保养

"三电系统"的检查是电动汽车保养的重点，虽然进了店里只是插上电脑过一遍各项参数，但其重要性远高于上面的常规目视检查。动力系统由三个部分组成：动力电池、电机和调速系统，分别对应燃油车的供油系统、发动机和变速箱。电池部分不用多说，看看电池组的各项信息情况，防止因个别废电池充放电过热引起自燃。电机的调速就是通过 ECU 控制输入电压，一般有单级齿轮组变速，需要检查润滑情况，润滑油更换周期在 60 000 公里左右。如图 1－15 所示为电动汽车油液位置。

图 1－15　电动汽车油液位置

电机部分，除了特斯拉使用的是鼠笼式异步电机外，国内大部分电动汽车都用的是永磁同步电机，全密封、防水防尘，不需要空气、供油、润滑，除非绕组短路烧了，或者永磁体退磁，否则开到报废都不用拆开。另外，因为效率高、产热少，散热系统也相对简单，有自然风冷的导热片，不需要冷却液，非常省事，也有很多高端车会使用液冷系统给电机散热。

电池无疑是非常金贵的，需要比燃油车更复杂的管理系统，除了控制每一个子电池的充、放电外，也需要更加严密的温度监控和更高效的热管理。如图 1－16 所示为动力电池电芯实物。这里说的是热管理，而不是散热，现在的动力电池对环境温度要求很高，环境温度

图 1－16　动力电池电芯实物

低了,空调系统要给它供热升温,环境温度高了,空调系统会吹走热量,同时视情况给驾驶室供热。

(三)新能源汽车保养注意事项

1. 严禁存放时亏电

蓄电池在存放时严禁处于亏电状态。亏电状态是指电池使用后没有及时充电。在亏电状态下存放电池,很容易出现硫酸盐化,硫酸铅结晶物附着在极板上,会堵塞电离子通道,造成充电不足,电池容量下降。亏电状态闲置时间越长,电池损坏越重。因此,电池闲置不用时,应每月补充电一次,这样能较好地保持电池均衡状态。

2. 定期检查

在使用过程中,如果电动汽车的续航里程在短时间内突然大幅度下降十几公里,则很有可能是电池组中最少有一块电池出现问题。此时,应及时到销售中心或汽车4S店进行检查、修复或配组。这样能相对延长电池组的寿命,最大程度节省开支。

3. 避免大电流放电

电动汽车在起步、载人、上坡时,尽量避免猛踩加速,形成瞬间大电流放电。大电流放电容易导致产生硫酸铅结晶,从而损害电池极板的物理性能。

4. 正确掌握充电时间

在使用过程中,应根据实际情况准确把握充电时间,参考平时使用频率及行驶里程情况,把握充电频次。正常行驶时,如果电量表指示红灯和黄灯亮,就应充电;如只剩下红灯亮,应停止运行,尽快充电,否则电瓶过度放电会严重缩短其寿命。充满电后运行时间较短就充电,充电时间不宜过长,否则会形成过度充电,使电瓶发热。过度充电、过度放电和充电不足都会缩短电瓶寿命。一般情况,蓄电池平均充电时间在10小时左右。充电过程如果电瓶温度超过65 ℃,应停止充电。如图1-17所示为充电枪。

图 1-17　充电枪

5. 防止暴晒

电动汽车严禁在阳光下暴晒。温度过高的环境会使蓄电池内部压力增加而使电池失水,引发电池活性下降,加速极板老化。

6. 避免充电时插头发热

220 V电源插头或充电器输出插头松动、接触面氧化等现象都会导致插头发热,发热时间过长会导致插头短路或接触不良,损害充电器和电瓶,带来不必要的损失。所以发现上述情况时,应及时清除氧化物或更换接插件。如图1-18所示为直流充电桩。

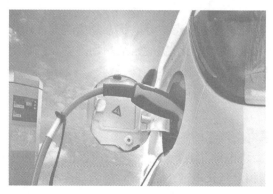

图1-18 直流充电桩

7. 经常检查轮胎气压

(1)将轮胎气压保持在正确的胎压。

(2)必须每两个星期或至少每个月检查一次轮胎气压。

(3)不正确的轮胎气压会造成耗电、行驶里程短,降低驾驶的舒适性,降低轮胎寿命并降低行车安全性。

8. 其他重要注意项目

(1)每天出车前先检查电量是否充足,刹车性能是否良好,螺丝是否松动等,有故障应及时修理排除,检查完成确定没有故障时才能出车。

(2)充电部分修理或更换充电保险丝时,必须先拔下220 V电源插头,不准带电工作。

(3)每次停车都必须关闭电源开关,拔出钥匙,将挡位开关扳至空挡位置,并将手刹拉起。

(4)维修或更换电瓶、电器,须关闭电源总开关后操作。

(5)儿童在车内玩耍时要拔掉钥匙开关,以免造成危险。

(6)电动汽车行驶前,须检查车门是否关紧。

(7)充电应在儿童无法接触到的地方进行。

(8)因事故或其他原因造成起火时应立即关闭总电源开关。

(四)日常驾驶注意事项

(1)缓步加速起步,避免猛加速、猛减速、猛转弯、急刹车等激烈驾驶方式。

(2)保持中低速行驶(60 km/h,尽量保持在 ECO 状态),避免超速、超载行驶。

(3)日常注意检查车轮、胎压及制动装置,并按规定进行定期保养,确保行车安全。

(4)计划出行,尽量减少车辆载重,提高车辆的续航里程。

(5)当车辆电量接近30%时,应及时充电。如果车辆经常在电量低于10%时继续行驶(部分车辆会进入限速状态),会造成动力电池过放损坏。

（五）保养注意事项

（1）车辆充电的环境温度范围为 0—45 ℃，当环境温度低于 0 ℃ 或者高于 45 ℃ 时，尽量不要给车辆充电。如图 1-19 所示为充电口位置。

图 1-19　充电口位置

（2）平常要正确掌握充电时间，要养成使用车辆后及时充电的习惯。在冬季，由于环境气温较低，建议停车后马上给车辆充电。

（3）动力电池作为动力来源，其最佳充电环境温度为 25 ℃，在冬季，如果有条件，可以采取保暖防冻措施，例如放置室内、保暖篷布包覆等。

（4）在冬季，动力电池存在充电接受能力差的情况，容易造成充不满电，电量不足，所以需要延长动力电池的充电时间。如图 1-20 所示为纯电动汽车充电枪位置。

图 1-20　纯电动汽车充电枪位置

（5）在冬季用车时，电动汽车续航里程普遍会受到影响，电量会有所下降，下降范围一般在 10%—20%，这属于正常现象，使用车辆时注意当天的行驶里程。

（6）电动汽车在使用时，不能完全放空电，每次行驶时建议剩余 20% 以上的电量，如果放空电量，会对动力电池产生较大的危害。

（7）如果车辆长期不使用的时候，要保证车辆剩余电量大于 30%，并且建议每个月在环境温度大于 5 ℃ 的时候补充一次电，以保持电池的健康状态。

（8）在冬季，车辆的动力性能相对较差，车辆起步、载人、上坡时，尽量避免猛踩加速，形成大电流放电，不利于电池健康。

（9）充电接口要保持清洁，不能有水或者其他异物进入充电器接口，因为这样的话容易引起纯电动汽车充电接口内部短路，对电池的使用寿命造成影响。

（10）出门前应注意检查各个新能源纯电动汽车配件是否良好，电池是否充足电。如图 1-21 所示为仪表上显示充电状态。如遇雨雪积水，不能让水淹没轮毂中心，这样才能延长纯电动汽车电池、电机的寿命。雨雪天过后，电动汽车的保养尤其要注意，冬季还应保持润滑。对新能源纯电动汽车的前轴、后轴、中轴、飞轮、前叉、避震器转动支点等部件进行一次擦洗和润滑。

图 1-21　仪表上显示充电状态

（六）电力系统保养

无论哪款新能源汽车，都与提供动力的电力密不可分。因此，科学维护保养车辆电力系统，无疑能够延长车辆使用寿命。

1. 充电时间

新车必须及时补充电能，保持电池在充满状态。在使用过程中，要根据实际情况准确把握充电时间，参考平时使用频率及行驶里程，自行把握充电时间。正常行驶时，如果电量表指示红灯和黄灯亮了，就应该去充电；如果只剩下红灯亮，应停止运行，尽快充电，过度放电会缩短电瓶寿命。充电时间不宜过长，否则会形成过度充电，使车辆电瓶发热。过度充电、过度放电和充电不足都会缩短电瓶使用寿命。在充电过程中，电瓶温度不能超过 65 ℃。

2. 保护好充电器

新能源汽车使用说明书上都有关于保护充电器的说明。很多用户没有认真阅读说明书的习惯，往往出了问题才想起找说明书看。另外，需要注意的是充电时要保持充电器的通风，否则既影响充电器的寿命，还可能发生热漂移影响充电，对电池形成损伤。

3. 定期深放电

电池定期进行一次深放电也有利于"活化"电池，此举可以略微提升电池的容量。电池经过第一次欠压保护之后，经过一段时间后电压还会上升，又恢复到非欠压状态，这时候如果再使用电池，对电池的伤害很大。在完成完全放电之后，对电池进行完全充电，会感觉电池容量有所提升。

4. 保持电能充足

新能源汽车在日常使用中，要保持电池的足电状态，控制好车速，最佳行驶里程为最长行驶里程的 1/3—2/3。如果每天行驶 10—20 公里，最好每两天补充一次电能；如果每天行驶大于 50 公里，应该当天就进行补充电能，使电池长期处于"吃饱状态"。用完了闲置几天再充电，极易出现硫化，电池容量下降。

5. 避免插头发热

电源插头或充电器输出插头松动、接触面氧化等现象都会导致插头发热，发热时间过长会使插头短路或接触不良，损害充电器和电瓶，带来不必要的损失。当发现上述情况时，应及时清除氧化物或更换接插件。

6. 避免大电流放电

新能源汽车在起步时,要均匀加速,尽量避免猛踩油门,形成瞬间大电流放电。大电流放电容易导致产生硫酸铅结晶,进而损害电池极板的物理性能。蓄电池不能放置在密封的容器内,不要接近明火,不要将蓄电池抛入火中或浸没在水中,严禁在阳光下直接暴晒。停车时一定要关闭车内所有电源。

7. 电动汽车的清洗

电动汽车的清洗应按照正常洗车方法,清洗过程中要注意避免水流入车内充电插座,避免车身线路短路。在下列情况下,这些行为将引起油漆层的剥落或导致车身和零部件腐蚀,最好马上清洗车辆。

① 在沿海公路行驶时;

② 在撒有大粒咸盐(融化冰雪)的路面上行驶时;

③ 沾有油脂等杂物时;

④ 空气里含有大量灰尘、铁屑或化学物质的地区内行驶时。

8. 定期检查

在使用新能源汽车的过程中,要定期检查各处电器件,保证不进水,无灰尘。如果电动汽车的续航里程在短时间内突然大幅度下降十几公里,则很有可能是电池组中至少有一块电池出现问题。车主要及时到代理商维修部进行检查、修复或配组,延长电池组的寿命,最大程度地节省日后维修车辆开支。

二、新能源汽车的充电

(一)快/慢充充电口位置和充电口盖板启动

快速和慢速充电口分别位于车辆前格栅 LOGO 和左后方处;快充充电口盖板开启直接摁住前格栅 LOGO 右侧内平面即可开启;慢充充电盖板开启手柄位于驾驶员座椅左下方。如图 1-22 所示为快/慢充位置,如图 1-23 所示为慢充开启手柄位置。

图 1-22　快/慢充位置

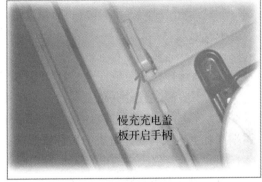

图 1-23　慢充开启手柄位置

(二)充电线

公用充电线随车标配一根交流充电桩用交流充电线(公用充电线),放在车内后备厢的收纳袋中。如图 1-24 所示为充电桩用慢速充电线,如图 1-25 所示为家用交流慢速充电线。家用充电线非标配,车主应与相关新能源汽车公司特约售后服务中心联系购买。

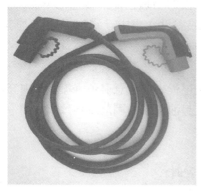

图 1-24　充电桩用慢速充电线　　　　图 1-25　家用交流慢速充电线

（三）交流充电桩用慢速充电线充电枪标识

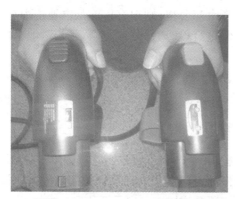

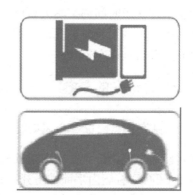

图 1-26　交流充电桩用慢速充电线充电枪标识

桩端充电枪为黑色,并有充电桩标签。车端充电枪为黑/蓝色,并有车端标签。

（四）充电安全警告

（1）请选择在相对较安全、通风的环境下充电(如避免有液体、火源等环境)。

（2）不要修改或者拆卸充电设备及相关端口,这样可能导致充电故障,引起火灾。

（3）充电前请确保车辆、供电设备和充电连接装置的充电端口内没有水或外来物,及金属端没有生锈或者腐蚀造成的破坏或影响。

（4）当组合仪表中的电量表指针指向表盘中的红色区域时,表示动力电池电量低,应尽快充电。建议在电量降至红色区域时及时充电。不建议在电量完全耗尽后再进行充电,否则会影响动力电池的使用寿命。

（5）在驱动电池的合理工作范围内对车辆进行充电,交流充电时:当电池温度高于 50 ℃或低于-20 ℃时,或直流充电时:当电池温度高于 55 ℃或低于-10 ℃时,车辆将不能正常充电,需作电池降温或保温处理。

（6）家用交流充电用电源插座，应使用 220 V，50 Hz，16 A 的专用插座且有接地装置，在这些情况下不允许充电。因为不正常的端子连接可能导致短路或电击，威胁生命安全。

（7）如果在充电时发现车里散发出一种不同寻常的气味或者冒烟，应立即停止充电。

（8）为了避免造成严重的人身伤害，车辆正在充电时，要有以下预防意识。

① 不要接触充电端口；

② 当有闪电时，不要给车辆充电或触摸车辆，闪电击中可能导致充电设备损坏，引起人身伤害。

（9）充电结束后，不要以湿手或站在水里去断开充电连接装置，否则可能引起电击，造成人身伤害。

（10）车辆行驶前请确保充电连接装置从车辆充电口断开，如果连接充电装置，整车不能正常行驶。

（11）雨天情况下，如果有遮雨棚不建议进行充电动作，如果没有遮雨棚为防止线路短路不允许进行充电工作。

（五）充电注意事项

建议采用黄黑色边框，并添加安全符号如：车端充电枪为黑/蓝色，并有车端标签。车辆充电使用交流电路和电源插座（空调插座），不允许使用外接转换接头，插线板等，且应确保 16 A 电源插座接地良好。专用交流电路是为了避免线路破坏或者由于给动力电池充电时的大功率导致线路跳闸保护，如果没有使用专用线路，可能影响线路上其他设备的正常工作。

（1）为了避免对充电设备造成破坏：

① 不要在充电插座塑料口盖打开的状态下关闭充电口盖板；

② 不要用力拉或者扭转充电电缆；

③ 不要使充电设备承受撞击；

④ 不要把充电设备放在靠近加热器或其他热源的地方。

（2）当采用家用充电设备时，如遇到外部电网断电情况，会自动重新启动充电，无须重新连接充电连接装置。

（3）充电时，不建议人员停留在车辆内。

（4）充电时，建议将车辆停放在通风处。

（5）当动力电池电量充满后，系统会自动停止充电。

（6）停止充电时应先断开交流充电连接装置的车辆插头，再断开电源端供电插头。

（7）当环境温度低于 0 ℃时，充电时间要比正常时间要长，充电能力较低。

（8）动力电池在搁置过程中会发生自放电现象，用户在搁置动力电池时，确保动力电池处于半电状态（50%—60%）。建议用户搁置动力电池的时间不要太长，最多不要超过 3 个月。

（9）不要将车辆搁置在超过 55 ℃ 以上环境下超过 24 小时；或低于 −25 ℃ 环境下超过 1 天。

（10）如电动汽车长期不使用时，最好每隔一个月进行一次慢充充电保养。建议用户不要在动力电池电量低（SOC 约 10%—20%）的情况下停放超过 7 天。

（11）电动汽车长期停放后首次使用前需进行均衡充电,充电时间需在 8 小时的基础上适当延长以完成充电均衡。

（12）动力电池充电完成所需时间因充电方法、剩余电量、实时温度、使用时间、环境温度等条件而变化,用户手册里给出的数据与实际充电所需时间会有差别。

（13）当车辆需要在短时间内快速充电,并在有快速充电桩的条件下,可以对车辆进行快速充电。快速充电可以在短时间内将电池包进行快速补电。但不建议使用快速充电将动力电池充至满电或频繁使用快速充电,可能会对动力电池组的性能造成一定影响。

（14）动力电池的可用能量会随着使用时间的延长而逐步衰减。如果动力电池的使用时间已经很长,充满电时动力电池电量也不会指示在 100% 附近。

（六）充电方式

车辆有三种充电方式:

（1）家用交流充电:利用家用交流充电线,将被充车辆与家用 220 V,50 Hz,16 A 的单相三眼插座可靠连接,应确保插座的地线与大地连接良好。

（2）交流充电桩充电:利用充电桩用交流充电线,将被充车辆与官方认可的交流充电桩按照操作说明可靠连接,通过插卡、输入密码、启动等一系列操作后,完成交流充电工作。

（3）直流充电桩充电:利用充电桩自带的充电线,将被充车辆与官方认可的直流充电桩按照操作说明可靠连接,通过插卡、输入密码、启动等一系列操作后,完成直流充电工作。

（七）家用单相交流慢速充电开始充电操作流程

（1）打开充电口盖板和充电座防尘盖,确认充电座防尘盖和充电枪枪口颜色一致。
（2）将车端充电枪与车身上的充电座良好相连,直到听到"咔"的响声。
（3）将供电端（桩端）充电枪与充电桩上的充电座良好连接。
（4）按照充电桩的使用方式进行充电模式 3 的后续操作。
（5）充电结束后,将供电端充电枪和车端充电枪均拔出。
（6）盖好供电端充电枪和车端充电枪的防尘盖,如图 1-27 所示。

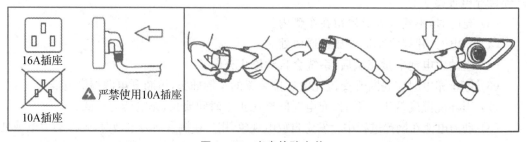

图 1-27　充电枪防尘盖

（八）停止充电

如图 1-28 所示为充电口防尘盖。

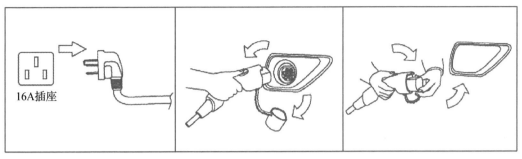

图 1-28　充电口防尘盖

（九）家用充电线控制盒指示灯状态

表 1-3　家用充电线控制盒指示灯状态

工作状态 Condition	指示灯状态 LED Display Status		
	电源指示灯（绿色） Power	故障指示灯（红色） Fault	充电指示灯（绿色） Charge
初始模式 Initial Mode	常亮 On	亮(0.5 s) On(0.5 s)	亮(0.5 s) On(0.5 s)
等待充电 Ready for Charging	常亮 On	灭 Off	常亮 On
正常工作模式 Normal Charging Mode	常亮 On	灭 Off	闪烁(1 s) Blink(1 s)
充电完成 Charging Completed	常亮 On	灭 Off	灭 Off

（十）直流充电桩快速充电

第 1 步：将车辆停至直流充电桩指定停车地点，关闭点火开关，将点火钥匙取下。

第 2 步：打开充电口盖板，松开快充充电插座塑料卡扣，打开塑料盖。

第 3 步：将直流充电桩用充电枪与车身上的慢充充电插座相连接。此时组合仪表上充电连接指示灯点亮。充电过程中充电连接指示灯一直处于点亮状态，只有拔下充电枪并关闭塑料盖及充电口盖板之后，充电连接指示灯才会熄灭。

（十一）充电时间

充电桩交流充电为标准充电模式时（充电桩充电），在环境温度＞0 ℃的情况下，车辆从电量报警状态到充满电，耗时 8 小时。当使用家用充电模式时，充电功率为 3 kW 左右，为家用标准空调插座（16 A 插座）所能提供的最大安全功率。家用充电线控制盒指示灯状态见表 1-3。

（十二）注意事项

（1）当充电线三芯插头未拔下时，严禁将手指放入充电枪插头。

（2）当充电线控制盒故障指示灯点亮时，请确认充电枪与车辆端交流充电插座是否连接良好。

三、新能源使用操作检查

（一）车辆测试

1. 测试前检查

如果制动系统的制动液不足、无真空助力、踏板行程过长或有泄漏，则不可在道路上进行车辆测试，直到发现制动液不足、踏板行程过长或泄漏的原因并且排除为止。影响到行驶安全的零部件维修以及功能性测试，例如制动、灯光与转向，都应在执行车辆测试前维修完毕。测试前检查主要涉及下列事项：

（1）冷却液液面高度。

（2）轮胎胎压是否正确，型号与胎纹是否适用以及是否超过磨损极限。

（3）动力电池电量是否足够测试使用。

（4）检查变速器与其他部位是否漏油（制动油）、漏冷却液。如有泄漏，记下可能泄漏的位置，并将附近的区域擦拭干净，以便在测试完成后检出泄漏的程度。

2. 启动车辆

注意切勿在冷车时以高速行驶或将加速踏板踩到底。车钥匙在钥匙开关 ON 挡时，检查：

（1）手制动是否已拉起。

（2）换挡杆是否在空挡。

（3）仪表所有标识读数是否正常。

3. 道路测试

在继续测试前，应在低速时检查制动的操作。如果制动跑偏或有故障显现的状况，如故障未排除，不可继续道路测试。试车中应遵守交通规则。试车中不允许野蛮驾驶。避免在交通繁忙时进行，可能对交通造成不便或危及其他道路使用者。换挡注意事项：

（1）车辆静止时，驾驶员进行换挡操作必须同时踩下制动踏板才算换挡成功。如果驾驶员换挡时，未踩下制动踏板，仪表显示当前换挡旋钮的物理挡位并进行闪烁，此时驾驶员需要换至 N 挡，重新进行换挡操作。

（2）车辆运行中，当车速低于 5 km/h 并不为 0 时，驾驶员进行换挡操作，从 D-R 挡、E-R 挡，或者从 R-D 挡、R-E 挡不需要踩制动踏板。当车速高于 5 km/h 时，从 D-R 挡、E-R 挡，或者从 R-D 挡、R-E 挡，仪表显示当前挡位位置并闪烁，整车不响应油门需求。

4. 驾驶时的注意事项

（1）在驾驶过程中，请勿将手放置在换挡旋钮上，手的压力可能导致换挡机构的过早磨损。

（2）起动车辆前请确认旋钮处于 N 挡位置。

（3）在车辆运行过程中请勿换挡。

（二）车间操作内容

1. 车间作业须知

（1）车间作业环境要求

维修车间是车辆维修作业所在地，干净、整洁、安全、规范的维修车间是衡量一个维修企业素养的标准。

（2）车间事故的因素

车间事故主要由人为因素和自然因素造成。人为因素主要由于工作人员忽视车间管理制度，疏忽大意或不正当的作业造成，自然因素是由于设备或工具出现故障或缺少完整的安全装置、工作环境不良等原因造成。车间事故危及人身安全，对财产也会造成重大损失，无论任何事故发生，后果不可估量。

2. 人与车辆安全防护

（1）人员防护

在车间内作业的维修人员穿戴整洁的工作服和工作鞋，是职业化形象的具体体现，也是安全生产的具体要求。安全防护包括工作服、工作鞋、绝缘手套、护目镜。如图 1 - 29 所示为安全防护用品。

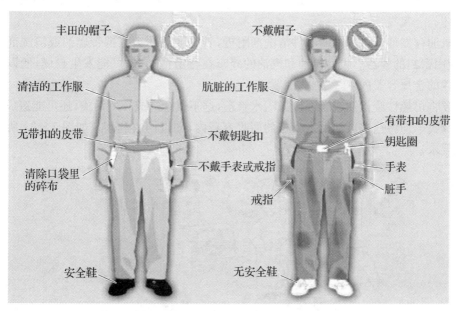

图 1 - 29　安全防护用品

（2）车辆防护

在进行车辆作业前，必须对车辆内外做好防护工作，这不仅是保护车辆，也能体现企业"客户至上"的理念。如图 1 - 30 所示为车辆防护用品安装位置。

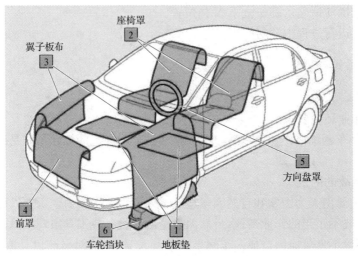

图 1-30　车辆防护用品安装位置

3. 工作安全须知

（1）防火安全

① 预防措施

不得在工作场所吸烟。如在吸烟区吸烟后,应确认烟头熄灭在烟灰缸里。

不要在正在充电的蓄电池旁使用明火或产生火花的设备。因为在充电时蓄电池产生可燃性气体——氢气。

在机油存储地或可燃性的零件清洗剂附近,不要使用明火。携带燃油或清洗剂到车间时,应使用密封的容器。吸满机油和汽油的碎布在特定情况下,可能发生自燃,所以应将其放入带盖的金属容器内。

不要将可燃性废机油或燃油倒入污水管道,这不仅会造成环境污染,还可能造成污水管道发生火灾。应将这些废油倒入指定的回收容器内,加以回收利用。如图 1-31 所示为车间防火要求。

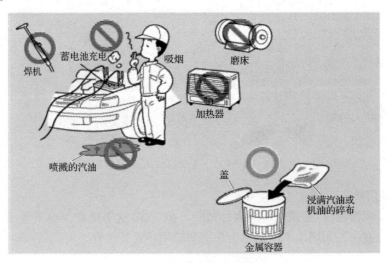

图 1-31　车间防火要求

在维修燃油系统前,应先断开蓄电池的负极,在没有修好前,可以防止误启动。

熟悉车间灭火器和消防栓的位置,并熟悉如何使用。

② 施救

如发生火灾,首先拨打火警电话119,在消防员没有到达现场前,所有人员应配合扑灭火焰。

(2)防电安全

① 预防措施

拔电缆插头时,不要拉电线,而应拉插头本身;对于标有故障的电气开关,千万不要触碰;不要靠近断裂或摇晃的电线;不要用湿手接触电气设备;不要让电线通过尖角、潮湿、有油污、高温的地方;在马达、配电箱等电气附近使用易燃物如发现电气设备不正常,应立即关闭电源开关,并加以警示并上报。如图1-32所示为用电设备防范。

② 施救

如果因电路或电气设备引起的火灾或人身伤害,应先断开电源开关,再施救,无论何时,在车间发现险情,都应立即向上级汇报。

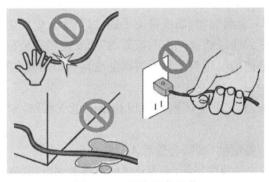

图1-32 用电设备防范

(3)对于在维修间内的车辆,务必确定:

防止车辆前后移动;

在车辆前方执行作业前,将钥匙从钥匙开关锁中取出;

在前机舱实施作业,务必要使用翼子板护套;

在车底工作时须将蓄电池负极拆开;

顶起车辆时,不可顶在动力电池处。

(4)危险

不要在只靠一个千斤顶支撑的车底工作。

这里提供的举升要求适用于整车,对于一辆拆除了驱动电机或动力电池的汽车,重心发生变化,使举升情况不稳定,此时要将汽车支撑或固定在举升设备上。

(5)提示

不要把工具、换下的配件等遗留在工作区域或其周围,保持工作区的干净和整洁。

(6)注意

在车上实施焊接操作时,必须要拆除蓄电池配线,避免造成相关零部件损坏,同时周边要配备适当的灭火设备。

（7）拖拽

必须注意关于牵引的法律规定。两名驾驶员都必须熟悉牵引过程的特点,否则不能进行牵引起动和牵引工作。如使用牵引绳,牵引车的驾驶员在起动和换挡时要特别注意缓慢地操作离合器。被牵引车的驾驶员应注意随时保持牵引绳绷紧。两辆汽车上的遇险警报灯都要打开,应遵守不同的法规要求。车钥匙必须置于 ON 挡,这样不会锁死方向盘,而且可以打开转向信号灯、喇叭、车窗玻璃刮水器和车窗玻璃清洗位置。车辆牵引时,挡位置于空挡,并打开危险警报灯,距离较远时车前部必须被抬起。在变速器不能得到润滑的情况下,汽车只能在驱动轮抬升的情况下才能被牵引。

（8）跨接

跨接起动方式并不建议使用,但在某些情况下这是可以将车辆起动的唯一方法,在这种情况下,跨接起动后的蓄电池必须立即充电,以避免蓄电池永久性的损坏。

跨接起动前应阅读蓄电池部分的所有安全注意事项和警告。蓄电池容易产生易燃、易爆的氢气,一定要使火苗或火花远离通气口。不要使用输出电压超过 12 V 的起动辅助蓄电池或其他起动辅助电源。不按照这些说明进行可能会导致人身伤害。跨接一辆不能起动的车辆需要注意:

① 戴上护目镜,摘下金属饰物,如表带或手镯,以免无意中发生电接触。

② 必须确认跨接线的线径适合工作的需要,必须要使用高负荷的导线。

③ 要确认备用蓄电池的电压与车辆上的蓄电池具有相同的电压,蓄电池必须要以并联的方式连接。

④ 在连接跨接线前,务必要关闭所有可以切断的电气回路,如此可以降低在最后连接时,产生电弧的危险。

⑤ 不要跨接冻结的蓄电池,否则会造成人身伤害。

⑥ 电池电解液是腐蚀性酸性溶液,不要让电解液接触到眼睛、皮肤或衣服,连接线夹时不要倾斜蓄电池或使线夹彼此接触,如果酸液溅入眼中或皮肤上,要立即用大量清水进行冲洗。

搭车起动:一辆正常运行的汽车起动时,要防止跨接起动车辆的车身相互接触,否则可能会损坏每辆汽车的电气系统。在将跨接线连接至蓄电池时,切勿使跨接线彼此接触或碰触到车身接地。一个充满电的蓄电池,如果经由跨接线短路,会以高于 1 000 安培的放电率放电,造成电弧并使跨接线与端子的温度快速上升,甚至可能会造成蓄电池的爆炸。未遵守这些说明,可能会造成人员的伤害。

（9）举升和支撑点

在车架边梁或者其他指定的举升点举升车辆时,要确保千斤顶垫块未碰到制动油管或者高压线。如果碰到了上述部位,会造成车辆损坏或性能下降。开始任何举升程序前,确保车辆位于清洁、坚硬、水平的表面上;确保所有提升装置都符合重量标准且处于良好的工作状态;确保所有的车辆负载平均分布并且固定不动。如果只是从车架纵梁支撑车辆,应确保提升装置未在车架纵梁上施加过大的力或损坏车架纵梁。将前端举升机垫块放置在前车架纵梁和侧车架纵梁之间连接处的下面;将后端举升机垫块放置在后车架纵梁和侧车架纵梁之间连接处的下面。

（10）高压维修

在对电动汽车进行维修时禁止带电作业,正规操作流程如下。

第1步:关闭点火开关;

第2步:断开低压蓄电池负极电缆;

第3步:使用专用万用表对所维修部位进行电压测量,如所测值大于0 V,应使用专用放电棒对该部件进行放电,当电压完全消失后方可进行下一步操作;

第4步:戴好专用防高压绝缘手套;

第5步:实施作业。

注意事项:

① 在维修作业时对高压部件母线端应使用绝缘胶带缠绕,防止高压触电或短路。

② 维修作业前必须佩戴防高压绝缘手套。

③ 所有高压部件母线为橙色。

④ 高压部件上侧会有警告标签。

⑤ 防止电解液的溢出高压绝缘鞋主要适用于高压电力设备方面电工作业时作为辅助安全用具,在1 kV以下可作为基本安全用具。

⑥ HV蓄电电池使用二氧化碳类型灭火器。无法使用少量的水灭火,但可以使用大量并持续的水进行灭火。

⑦ 在溢出电解液被中和后,使用吸水毛巾布吸收多余的电解液。

⑧ 使用绝缘胶布覆盖所有的高压电线或端子。

⑨ 在维修塞被拔出后,使用绝缘胶布包住维修塞槽。

⑩ 必须要使用工作面带有绝缘橡胶的工作台。

任务二　新能源汽车常规维护

一、新能源汽车的新车 PDI

PDI(Pre-Delivery Inspection)是指售时整备,即商品车交付客户之前的检查,分为三种:

(1) 出库 PDI 检查:商品车交付物流公司发运前进行的质量状态检查。

(2) 接车 PDI 检查:商品车送达经销商处,经销商进行的质量状态检查。

(3) 销售 PDI 检查:商品车交付最终客户前进行的车辆质量状态检查。

表1-4为自主品牌新能源商品车上述三种PDI检查的基本要求。

表1-4　新能源汽车 PDI 检查基本内容

序号	类别	检查内容	检查记录	反馈时间	实施单位
1	出库 PDI 检查	包括快、慢充电以及动态路试10 km 的所有项目检查	《北汽新能源商品车 PDI 检查记录表》	检查完后半小时以内	服务管理部技术支持科
2	接车 PDI 检查	外观及功能项检查,重点检查物流运输过程中可能引发的车身剐蹭、油漆划伤、轮胎轮辋标识、内饰、划伤、生锈、脏污以及随车附件资料是否齐全	《北汽新能源商品车 PDI 检查记录表》	次周一返回上周内检查记录单	经销商

序号	类别	检查内容	检查记录	反馈时间	实施单位
3	销售 PDI 检查	动态路试 10 km 外的所有检查	《北汽新能源商品车 PDI 检查记录表》	次周一返回上周内检查记录单	经销商

表 1-5 是 PDI 检查的详细内容,针对不同类型的 PDI,可有针对性地进行内容选择。

表 1-5　新能源商品车全车 PDI 检查项目

检查项目	检查内容
A. 基本检查	
1. 外观检查	全车漆面,前后风挡,左右车窗,前后车灯表面无磕碰、划伤;车顶装饰条粘贴良好无损坏;车门、机盖、灯具安装各部缝隙均匀,过渡无明显阶差
2. 轮胎	轮胎表面无割伤,胎压正常;轮辋及螺栓无划伤,生锈;翼子板内衬齐全
3. 内饰检查	门内侧,门框,方向盘,仪表台,挡位,中央扶手箱,座椅,地毯,车顶内饰安装可靠,无划伤,无脏污,车内无杂物
B. 前机舱内检查	
1. 整体目视检查	前机舱中的部件有无渗漏及损伤
2. 冷却液液位	液位应在 max—min 之间
3. 制动液	储液罐及软管有无漏液或损伤,液位应在 max—min 之间
4. 玻璃水水位	液位应在 max—min 之间
5. 蓄电池	状态、电压,蓄电池接线螺栓是否紧固
6. 线束/配管	不干涉,不松动(注意:橘黄色电线为高压线,请勿触动),各线束接头连接有效锁止;高压线束无死弯,护套无破损;DC/DC 负极与车身搭铁螺丝紧固正常
C. 车辆功能检查	
1. 遥控器及钥匙	遥控器及机械钥匙可以有效锁闭及开启 5 门;锁闭后,后视镜收起,闪烁灯闪烁
2. 车门及后备厢	4 个车门及后备厢开启和关闭正常
3. 车门窗	4 个车窗的玻璃升降正常
4. 中控门锁	使用正常
5. 主驾和副驾座椅	座椅调节正常,安全带拉伸及锁闭正常
6. 仪表盘各项指示灯	上电后各项检测指示灯数秒后正常熄灭
7. 导航仪及收音机	使用正常
8. 方向盘	上下调节正常,喇叭正常,媒体调节按钮使用正常,方向盘安装正常
9. 照明和指示灯光	远光灯,近光灯,雾灯,行李箱灯,光束调节系统使用正常 转向灯,警示灯,刹车灯,倒车灯,牌照灯,示廓灯使用正常

续表

检查项目	检查内容
10. 雨刷	喷水器正常,前、后雨刷刷水正常
11. 空调	制冷和制热正常,风量调节正常,各出风口正常
12. 后视镜(高配)	两侧及车内后视镜是否正常调节
13. 天窗(高配),车内灯	天窗开关正常,车内灯使用正常
14. 遮阳板及化妆镜	使用正常
15. 机舱盖,充电口盖	开启、闭合正常
16. 倒车雷达/影像	使用正常
17. 换挡机构及驻车制动器	操作功能正常
18. 数据采集终端	平台是否可以监控
19. 充电功能	快、慢充功能正常
20. 10 km 路试	转向、制动、能量回收功能、驻坡能力(20%坡度)、制动真空泵起动正常;行驶有无跑偏、摆振;直线行驶方向盘是否对正
D. 配备检查	
1. 铭牌及随车资料	铭牌有粘贴;随车资料(导航手册)齐全,资料信息与车辆一致
2. 随车工具	北汽新能源汽车没有备胎,改为三角警示牌、快速补胎工具和千斤顶
E. 其他检查	
1.(出租车)	计价器及计价器遥控面板,顶灯及顶灯钥匙,空车牌,驾驶员信息栏,禁止吸烟贴,座套(两套)

二、新能源汽车的新车维护

(一)纯电动汽车保养项目

电动汽车主要是针对电池组和电动机进行日常的养护。纯电动汽车的电池组与电机代替了普通汽车的发动机来驱动汽车行驶,变速箱与普通汽车的变速箱也略有不同,但底盘和电器部分与普通汽车基本一致。车辆的正确维护保养对于安全驾驶和减少车辆的维修成本是必不可少的。为了确保车辆保持最佳的状态,接到电动汽车后,务必查看该车的保养手册,并按照手册中的规定进行保养。下面就列举一下一般电动汽车和传统汽车类似的保养项目:

(1)每年或 20 000 公里更换变速箱油和空调滤芯。

(2)每两年或 40 000 公里更换防冻液和刹车油。

(3)每次保养检查底盘、灯光、轮胎等常规部位。

由于电动汽车是靠电机驱动,不需要机油、三滤、皮带、涨紧轮等,也不用担心会出现漏油的情况。电动汽车只需要对驱动电池组和电机进行一些常规的检查,并保持其清洁即可,可见电动汽车在保养方面与传统汽车相比是有很大优势的。针对现在混合动力和插电混合动力车型,发动机保养和普通汽油车一样,但电机保养更为重要,要定期加润滑油,去售后做检查。如图 1-33 所示为纯电动汽车发动机机舱布局。

图 1-33 纯电动汽车发动机机舱布局

（二）纯电动汽车使用注意事项

（1）正确掌握充电时间：在使用过程中，应根据实际情况准确把握充电时间，参考平时使用频率及行驶里程情况，把握充电频次。

（2）蓄电池在存放时严禁处于亏电状态。

（3）在使用过程中，如果电动汽车的续航里程在短时间内突然大幅度下降十几公里，则很有可能是电池组中至少一块电池出现问题。

（4）电动汽车严禁在阳光下暴晒，尽量选阴凉处放置。

（5）经常测测胎压，防止漏气和爆胎。

（6）使用之前检查刹车是否灵敏，电池电量是否充足。

（7）要经常清除电池盖上的灰尘、污物，注意保持电池干燥、清洁，以防电池自行放电。清洗整车时要待汽车降温后再冲洗，水流避开充电插口。

（三）纯电动汽车与传统汽车保养比较

众所周知，纯电动汽车的保养费用要比燃油车便宜不少，那么这些保养费用都便宜在哪里？

1. 纯电动汽车、燃油车保养项目对比

燃油车需要定期做保养，换机油、机滤、火花塞等。但电动汽车没有发动机和变速箱动力总成，这些保养就免去了。因此，纯电动汽车的保养价格也比较便宜。

2. 纯电动汽车、燃油车保养费用对比

（1）燃油车保养费用

一般情况下，燃油车 7 000 公里左右保养一次。10 万元以下的车型，小保养一次花费约300—500 元，10 万—20 万元的车型，保养一次 500—700 元，20 万元以上乃至更贵的车型，保养一次就过千元甚至数千元了。

（2）纯电动汽车保养费用

以纯电动汽车大家族的北汽新能源 EX200 系列保养价格为例：每 10 000 公里保养一

次,A轮保养和B轮保养交替进行,A轮保养320元/次,B轮保养120元/次;第1个10 000公里保养费320元,第2个10 000公里保养费120元,行驶60 000公里,总保养费才1 320元。

3.纯电动汽车的保养内容细则

首先,纯电动汽车的电池、电机和电控系统是核心,有厂家质保。因此,主要是检查一下电路有无老化损坏、螺丝有无松动,然后是对易损件的检查和处理,如刹车片、空调滤芯、轮胎等。总之纯电动汽车的常规保养以检查为主。

纯电动汽车的常规保养内容见表1-6。

表1-6　纯电动汽车保养项目及内容

保养项目及内容								
系统类别	检查内容	处理方法	A级保养			B级保养		
			项目	配件及材料	数量或价格	项目	配件及材料	数量或价格
1.动力电池系统	安全防护	检查并视情处理	√			√		
	绝缘	检查并视情处理	√			√		
	接插件状态	检查并视情处理	√			√		
	标识	检查并视情处理	√					
	螺栓紧固力矩	检查并视情处理	√			√		
	动力电池加热功能检查	检查并视情处理	√					
	外部检查	清洁处理	√					
	数据采集	分析并视情处理	√			√		
2.电机系统	安全防护	检查并视情处理	√			√		
	绝缘检查	检查并视情处理	√			√		
	电机和控制器冷却检查	检查并视情处理	√			√		
	外部检查	清洁处理	√			√		
3.电器电控系统	机舱及各部位低压结束防护及固定	检查并视情处理	√			√		
	机舱及各部位接插件状态	检查并视情处理	√			√		
	机舱及底盘高压线束防护及固定	检查并视情处理	√			√		
	机舱及底盘各高、低压电器固定及接插件连接状态	检查、视情处理并清洁	√			√		
	蓄电池	检查电量状态并视情处理	√			√		

续表

保养项目及内容							
系统类别	检查内容	处理方法	A级保养			B级保养		
			项目	配件及材料	数量或价格	项目	配件及材料	数量或价格
	灯光、信号	检查并视情处理	√			√		
	充电口及高压线	检查并视情处理	√			√		
	高压绝缘监测系统	检查并视情处理	√					
	故障诊断系统报警监测	检查并视情处理	√					
4. 制动系统	驻车制动器	检查效能并视情处理	√			√		
	制动装置	泄漏检查	√			√		
	制动液	液位检查	√	更换制动液		√	视情添加制动液	
	制动真空泵、控制器	检查(漏气)并视情处理	√			√		
	前、后制动摩擦副	检查并视情处理	√			√		
5. 转向系统	方向盘及转向管柱连接紧固状态	检查并视情处理	√			√		
	转向机本体连接紧固状态	检查并视情处理	√			√		
	转向横拉杆间隙及防尘套	检查并视情处理	√			√		
	转向助力功能	路试并视情处理	√			√		
6. 车身系统	风窗及洗涤雨刷	检查并视情处理	√	添加风窗洗涤剂	材料收费	√	添加风窗洗涤剂	材料收费
	顶窗	检查并视情处理	√			√		
	座椅及滑道	检查并视情处理	√	加注润滑脂	润滑脂250 g	√	加注润滑脂	润滑脂250 g
	门锁及铰链	检查并视情处理	√			√		
	机舱铰链及锁扣	检查并视情处理	√			√		
	后备门(厢)铰链及锁	检查并视情处理	√			√		

保养项目及内容

系统类别	检查内容	处理方法	A级保养			B级保养		
			项目	配件及材料	数量或价格	项目	配件及材料	数量或价格
7. 传动及悬挂系统	变速箱(减速箱)	检查减速箱连接、紧固及渗漏	✓	更换减速箱齿轮油				
	传动轴	检查球笼间隙及护罩,并视情处理	✓			✓		
	轮辋	检查、紧固并视情处理	✓					
	轮胎	检查胎压并视情处理	✓			✓		
	副车架及各悬置连接状态	检查紧固	✓					
	前后减震器	检查渗漏情,紧固并视情更换	✓					
	机舱铰链及锁扣	检查并视情处理	✓			✓		
8. 冷却系统	冷却液液位及冰点	液位及冰点测试并视情添加	✓	更换冷却液		✓		冬季时检测冰点并视情添加
	冷却管路	检查渗漏并视情处理	✓			✓		
	水泵	检查渗漏并视情处理	✓			✓		
	散热水箱	检查并清洁	✓			✓		
9. 空调系统	空调冷、暖风功能	测试并视情处理	✓					
	压缩机及控制器	检查压缩机及控制器安装及线束接插件状态	✓					
	空调管路及连接固定	管路防护检查并视情处理	✓			✓		
	空调系统冷凝水排水口	检查并视情处理	✓					
	空调滤芯	检查并视情处理	✓	更换空调滤芯	滤芯收费(首次保养免费)	✓	清洁	

续表

保养项目及内容							
系统类别	检查内容	处理方法	A级保养			B级保养		
			项目	配件及材料	数量或价格	项目	配件及材料	数量或价格
10. 换电装置	换电限位装置有无磨损松旷现象	检查并视情处理	✓			✓		
	底盘有无磕碰现象	检查并视情处理	✓			✓		
	换电装置密封是否良好	检查并视情处理	✓			✓		
	限位装置润滑	检查并视情处理	✓			✓		

 实训任务

新能源汽车维护与保养

在规定时间内,要求以小组作业方式,严格执行高压作业安全规定,规范使用工具仪器,依据厂家技术标准和实训要求,在整车上完成新能源汽车整车维护检查项目、性能检验,并形成书面报告。建议采用吉利帝豪EV300、北汽EV160或者比亚迪E5车型。

一、作业工单

序号	作业类型+作业对象+作业内容	数据或异常情况记录	维修措施
举升位置1(举升机在最低位置)			
1	作业准备—安全防护 —安装车轮挡块、设置隔离栏和警示牌;检查绝缘手套、护目镜和安全帽;穿戴绝缘鞋(进入工位前提前穿戴好)	绝缘手套耐压等级:	
2	作业准备—外检作业 —检查车身状况、轮胎气压	左前: 右前: 左后: 右后:	
3	作业准备—车辆参数 —记录车辆型号、车辆识别码、电机型号、电池容量、工作电压、里程表读数	车辆型号: 车辆识别码: 电机型号: 电池容量: 工作电压: 里程表读数:	

续表

序号	作业类型＋作业对象＋作业内容	数据或异常情况记录	维修措施
4	作业准备—安全防护 —安装座椅套、方向盘套和地板垫		
5	作业准备—安全防护 —安装翼子板布和前格栅布		
6	检查作业—前舱附件 —检查前舱盖锁及其紧固件		
7	检查作业—制动系统 —检查制动液液位		
8	检查作业—电机(电池)冷却系统 —检查电机冷却液液位、冰点	冷却液型号： 冰点：	
9	检查作业—暖风水加热系统 —检查暖风水加热补偿水桶液位、冰点	冷却液型号： 冰点：	
10	检查作业—冷却系统 —检查各冷却系统软管的安装、连接情况及有无裂纹、损伤和泄漏		
11	检查作业—高压组件 —检查高压组件外观是否变形，是否有油液		
12	检查作业—高压组件 —检查高低压线束或接插件是否松动	前舱插头连接情况： □ 正常 □ 异常：	
13	检查作业—充电系统 —检查各充电连接器接口处是否有异物、烧蚀等情况	(1)外接充电防盗锁： □ 正常　□ 不正常 (2) 充电口照明灯： □ 正常　□ 不正常	
14	检查作业—充电系统 —检查车辆能否正常充电及充电时仪表显示是否正常	(1)充电线连接指示灯： □ 点亮　□ 不亮 □ 点亮后熄灭 (2) 充电指示灯： □ 点亮　□ 不亮 □ 点亮后熄灭 (3) 充电时指示灯： □ 白色　□ 绿色　□ 红色 □ 黄色　□ 蓝色 所亮指示灯的含义：	

序号	作业类型＋作业对象＋作业内容	数据或异常情况记录	维修措施
15	检测作业—低压电源系统 —测量并记录低压电源系统电压(静态、上电后)	静态： 上电：	
16	检查作业—转向系统 —检查转向柱的倾斜及其锁止情况		
17	检测作业—转向系统 —转向盘自由转动量	测量值： 标准值：	
18	检查作业—仪表板 —检查高压启动指示灯	(1)READY 指示灯： □ 点亮　□ 不亮 □ 点亮后熄灭 (2) 系统故障指示灯： □ 点亮　□ 不亮 □ 点亮后熄灭	
19	检查作业—空调系统 —检查风量、模式、内外循环；分别打开 AC 和 AUTO,调节温度检查冷暖功能、除霜功能		
20	检查作业—动力电池 —检查动力电池单体电池电压、温度、总电压、SOC	(1)单体电池电压 最大： 最小： (2) 单体电池温度 最大： 最小： (3) 电池总电压： (4) SOC：	
21	检查作业—灯光系统 —检查外部灯光是否点亮正常		
22	检查作业—灯光系统 —检查前大灯变光功能是否正常		
23	检查作业—故障诊断 —检查高压管理系统(VCU、PEU、BMS)故障码(记录后清除)	□ 无 DTC □ 有 DTC：	
24	检查作业—高压系统 —车辆维修安全(标准断电)	断电等待时间：	

续表

序号	作业类型＋作业对象＋作业内容	数据或异常情况记录	维修措施
举升位置2（升起举升机至合适高度）			
25	检查作业—冷却系统 —目视检查散热器有无泄漏、变形等		
26	检查作业—空调系统 —目视检查冷凝器有无脏污、变形及泄漏等		
27	检查作业—传动系统 —检查传动轴及球笼防尘罩		
28	检查作业—前后悬架 —检查前后悬架装置		
29	检查作业—制动系统 —目视检查制动摩擦片和制动盘		
30	检查作业—制动系统 —检查车轮轴承有无游隙		
31	检查作业—制动系统 —检查制动管路的安装、连接、损伤情况及有无漏油,制动软管有无老化		
32	检查作业—动力电池系统 —检查动力电池托盘有无变形/磕碰、防撞梁有无损坏、动力电池高低压连接器清洁度/腐蚀/破损/紧固情况	动力电池铭牌信息: 标称电压: 电池容量:	
33	紧固作业—动力电池系统 —检查动力电池总成固定螺栓是否锈蚀及紧固情况、接地线束紧固情况	（1）动力电池固定螺栓紧固力矩: （2）动力电池接地线紧固情况 ① 力矩: ② 接地电阻: 实测值: 标准值:	

续表

序号	作业类型＋作业对象＋作业内容	数据或异常情况记录	维修措施
34	检查作业—动力总成系统 —检查动力总成系统是否漏液、磕碰；驱动电机安装支架有无损坏；动力总成与车身、驱动电机与减速器、接地线束紧固情况(检测螺栓上的漆标,若漆标位置有移动则对螺栓进行紧固,若无则不做要求)	(1)动力总成与车身紧固力矩： (2)动力总成接地线紧固情况 ① 力矩： ② 接地电阻： 实测值： 标准值： (3) 驱动电机与减速器紧固力矩：	
35	检查作业—动力总成系统 —检查高压部件是否有涉水痕迹		
36	更换作业—动力总成系统 —拆下减速器放油螺栓,放尽减速器油		
37	更换作业—动力总成系统 —排放电机(电池)冷却液		
38	更换作业—动力总成系统 —加注减速器油液至合适液位	减速器油型号： 标准加注量：	
39	检查作业—高压系统(含附件系统) —高压线束状态(接触面有无烧蚀、绝缘性)	1. 确认高压回路切断 动力电池 HV＋与 HV－之间： 2.绝缘性(绝缘电阻) (1)绝缘测试仪选择电压： (2)动力电池供电线路 ①1号端子与车身接地之间： 实测值： 标准值： ②2号端子与车身接地之间： 实测值： 标准值： (3)动力电池充电线路 ①1号端子与车身接地之间： 实测值： 标准值： ②2号端子与车身接地之间： 实测值： 标准值：	
	举升位置3(落下举升机至车轮接地)		
40	作业准备—安全防护 —安装车轮挡块		

续表

序号	作业类型＋作业对象＋作业内容	数据或异常情况记录	维修措施
41	检查作业—高压系统(含附件系统)—高压状态(接触面有无烧蚀、绝缘性、三相间、接地电阻)	1. 确认高压回路切断 电机控制器 HV＋与 HV－之间: 2. 绝缘性(绝缘电阻) (1) 绝缘测试仪选择电压: (2) 交流充电口 ① L 对 PE: 实测值: 标准值: ② N 对 PE: 实测值: 标准值: (3) 直流充电口 ① DC＋对 PE: 实测值: 标准值: ② DC－对 PE: 实测值: 标准值: (4) 车载充电机输入端 ① L 对充电机壳体: 实测值: 标准值: ② N 对充电机壳体: 实测值: 标准值: (5) 车载充电机输出端 ① HV＋对充电机壳体: 实测值: 标准值: ② HV－对充电机壳体: 实测值: 标准值: (6) 电机 ① 1 号端子对电机壳体: 实测值: 标准值: ② 2 号端子对电机壳体: 实测值: 标准值: ③ 3 号端子对电机壳体: 实测值: 标准值: 3. 电机三相线束 (1) 三相线束短路	

序号	作业类型＋作业对象＋作业内容	数据或异常情况记录	维修措施
		① 1 号端子与 2 号端子之间： 实测值： 标准值： ② 1 号端子与 3 号端子之间： 实测值： 标准值： ③ 2 号端子与 3 号端子之间： 实测值： 标准值： (2) 三相线束断路 ① BV19 的 1 号端子与 BV18 的 1 号端子之间： 实测值： 标准值： ② BV19 的 2 号端子与 BV18 的 2 号端子之间： 实测值： 标准值： ③ BV19 的 3 号端子与 BV18 的 3 号端子之间： 实测值： 标准值： (3) 三相线束对地短路 ① 1 号端子与车身接地之间： 实测值： 标准值： ② 2 号端子与车身接地之间： 实测值： 标准值： ③ 3 号端子与车身接地之间： 实测值： 标准值： 4. 接地电阻 (1) 车载充电机 实测值： 标准值： (2) 电机控制器 实测值： 标准值： (3) 空调压缩机 实测值： 标准值： (4) 暖风加热器 实测值： 标准值：	

续表

序号	作业类型＋作业对象＋作业内容	数据或异常情况记录	维修措施
42	更换作业—高压组件的更换 （根据操作流程合理优化安排更换时的举升位置）	（1）组件固定螺栓紧固力矩： （2）接地线（若有）螺栓紧固 ① 力矩： ② 接地电阻： 实测值： 标准值：	
43	更换作业—动力总成系统 —加注电机（电池）冷却液至合适液位并排气	冷却液型号： 标准加注量：	
	举升位置4（升起举升机至合适高度）		
44	检查作业—动力总成系统 —检查电机冷却液排液管路有无泄漏		
45	检查作业—动力总成系统 —检查减速器放油螺栓有无泄漏		
	举升位置5（落下举升机至最低位置）		
46	作业准备—安全防护 —安装车轮挡块		
47	竣工检验—整车 —检查整车上电状态、仪表状态；各系统故障码读取；高压管理系统数据流读取	（1）READY 指示灯： □ 点亮　□ 不亮 □ 点亮后熄灭 （2）系统故障指示灯： □ 点亮　□ 不亮 □ 点亮后熄灭 （3）数据流： ① 单体电池电压 最大： 最小： ② 单体电池温度 最大： 最小： ③ 电池总电压 □ 正常　□ 不正常 （4）故障码 □ 无 DTC □ 有 DTC：	

序号	作业类型＋作业对象＋作业内容	数据或异常情况记录	维修措施
48	整理作业—安全防护 —拆卸翼子板布和前格栅布		
49	整理作业—安全防护 —拆卸座椅套、地板垫、方向盘套		
50	整理作业—工量具、设备、场地 —清洁整理工量具、设备、场地		

二、现场职业素养考核要点

举升位置 1(满分 15 分)

序号	作业内容	评分要点(各训练环节漏项或累计最多扣相应配分)	配分	扣分	判罚依据
1	作业准备 —场地准备	□ 未检查设置隔离栏、安全警示牌 □ 未检查灭火器压力值(水基、干粉) □ 未安装车辆挡块	1		
2	作业准备 —检查防护套装	□ 未检查绝缘手套 □ 未检查防电池电解液酸碱性手套、护目镜、安全帽 □ 未穿戴绝缘鞋(进入工位前提前穿戴好)	1.5		
3	作业准备 —检查工具套装	□ 未进行数字绝缘测试仪检查 □ 未选择四点检测绝缘垫绝缘性 □ 未进行接地电阻测试仪检查 □ 未检查数字万用表的电阻量程(校零)	1		
4	作业准备 —记录车辆信息	□ 未正确检查并记录车辆信息	0.5		
5	作业准备 —安装车外三件套	□ 未安装或安装位置不正确	0.5		
6	作业准备 —安装车内三件套	□ 三件套少铺或未铺或撕裂	0.5		
7	作业准备 —外检作业	□ 未正确检查车身状况 □ 未正确检查并记录轮胎胎压	0.5		
8	作业准备 —安全准备	□ 未完全落下驾驶员侧车窗 □ 未检查确认电子手刹和挡位	0.5		

续表

9	检查(测)作业 —前舱检查(测)	□ 未检查前舱盖锁及其紧固件 □ 未检查制动液液位 □ 未检查电机冷却液液位并记录浓度冰点 □ 未检查暖风水加热补偿水桶液位并记录冰点 □ 未检查各冷却系统软管的安装、连接情况及有无裂纹、损伤和泄漏 □ 未检查高压组件外观是否变形、有油液 □ 未检查高低压线束或接插件是否松动 □ 未测量并记录低压电源系统电压 □ 未检查充电连接器接口处是否有异物、烧蚀等情况 □ 未检查车辆充电功能及记录充电时充电口、仪表信息 □ 未检查外接充电防盗锁	4		
10	检查(测)作业 —车内检查(测)	□ 未关闭点火开关连接诊断仪 □ 未打开启动开关检查高压启动指示灯并记录仪表信息 □ 未正确检测并记录诊断信息 □ 未正确清除故障码并再次读取 □ 未读取并记录动力电池单体电池电压、温度、电池总电压、SOC □ 未检查风量、模式、内外循环,分别打开 AC 和 AUTO 调节温度检查冷暖功能、除霜功能 □ 未关闭启动开关至 OFF 挡 □ 未检查转向柱的倾斜及其锁止情况 □ 未检测转向盘自由转动量并记录 □ 未检查外部灯光是否点亮正常,未检查前大灯变光功能是否正常	4		
11	检查作业 —高压系统	□ 未进行车辆维修安全标准断电(关闭点火开关→断开蓄电池负极→断开动力电池直流母线分线盒输入端→等待 5 分钟) □ 断开后蓄电池负极未做安全防护	1		
举升位置2(满分15分)					
12	举升车辆	□ 举升臂支点(车辆规定举升垫块未碰到动力电池)错误 □ 举升臂支点水平误差较大的(最大差值大于30 mm) □ 未前后按压检查车辆支撑稳定(车轮离地150 mm左右) □ 举升机未锁止	2		
13	安全作业	□ 车下作业未全程佩戴安全帽、护目镜	1		

14	检查作业 —车下检查	☐ 未检查散热器有无泄漏、变形等 ☐ 未检查冷凝器有无脏污、变形及泄漏等 ☐ 未检查传动轴防尘罩、球销 ☐ 未检查前后悬架装置 ☐ 未检查制动摩擦片和制动盘 ☐ 未检查制动管路的安装、连接、损伤情况及有无漏油,制动软管有无老化 ☐ 未检查车轮轴承有无游隙 ☐ 未检查动力总成系统是否漏液、磕碰;驱动电机安装支架有无损坏;动力总成与车身、驱动电机与减速器、接地线束紧固情况(检测螺栓上的漆标,若漆标位置有移动则对螺栓进行紧固,若无则不做要求) ☐ 未检查动力电池托盘有无变形/磕碰、防撞梁有无损坏、动力电池高低压连接器清洁度/腐蚀/破损/紧固情况 ☐ 未检查检查动力电池总成固定螺栓是否锈蚀及紧固情况、接地线束紧固情况 ☐ 未检查高压部件是否有涉水痕迹 ☐ 使用完扭矩扳手不归零 ☐ 未检查高压线束状态 ☐ 检查前未进行验电 ☐ 未佩戴绝缘防护手套、护目镜使用兆欧表检查 ☐ 未遵守"单手操作"原则测量读数 ☐ 表针头短接和触碰任何非目标测量金属部件	8		
15	拆装作业 —动力总成系统	☐ 未拆下减速器放油螺栓,排尽减速器齿轮油 ☐ 未拆下电机冷却液排液管口接头排尽电机冷却液 ☐ 若将冷却液和减速器油回收在同一量杯容器中,此项不得分	2		
16	加注作业 —动力总成系统	☐ 未使用专用机器加注减速器油液至合适液位 ☐ 未清洁溢出的齿轮油 ☐ 未安装并紧固加油螺栓 ☐ 使用完扭矩扳手不归零	2		
举升位置3(满分20分)					
17	作业准备 —安全防护	☐ 未安装车辆挡块	0.5		
18	检测作业 —前舱高压线束检测	☐ 未检查高压线束状态 ☐ 检查前未进行验电 ☐ 未佩戴绝缘防护手套、护目镜使用兆欧表检查 ☐ 未遵守"单手操作"原则测量读数 ☐ 表针头短接和触碰任何非目标测量金属部件	15		

19	加注作业 —动力总成系统	□ 未进行规范化加注和系统排气 □ 未清洁溢出的冷却液	4.5		
		举升位置4(满分5分)			
20	举升车辆	□ 举升臂支点(车辆规定举升垫块未碰到动力电池)错误 □ 举升臂支点水平误差较大(最大差值大于30 mm) □ 未前后按压检查车辆支撑稳定(车轮离地150 mm左右) □ 举升机未锁止	2		
21	安全作业	□ 车下作业未全程佩戴安全帽、护目镜	1		
22	检查(测)作业 —车下检查	□ 未检查电机冷却液排放管口有无泄漏 □ 未检查减速器放油螺栓有无泄漏	2		
		举升位置5(满分5分)			
23	作业准备 —安全防护	□ 未安装车辆挡块	0.5		
24	竣工检验 —整车	□ 未检查整车上电状态、仪表状态并记录 □ 未读取高压组件系统故障码、数据流并记录	2.5		
25	5S管理	□ 未妥善保管智能钥匙(放置自身工作服内) □ 每次举升前未请示裁判 □ 地上有油污时未擦掉 □ 未拆卸翼子板布和前格栅布 □ 未拆卸座椅套、地板垫、方向盘套 □ 清洁整理工量具、设备、场地	2		
		高压组件更换(满分15分)			
26	更换作业 —高压组件的更换	□ 更换高压组件全程未佩戴绝缘防护手套、护目镜 □ 未关闭点火开关,断开蓄电池负极 □ 断开后蓄电池负极未做安全防护 □ 检查前未进行验电 □ 未遵守"单手操作"原则测量读数 □ 表针头短接和触碰任何非目标测量金属部件 注:上述步骤可结合前面流程评判(学生可能在断电时更换) □ 未按照指定的高压组件或高压线束进行规范正确更换	15		

续表

序号	扣分项目	扣分项目	扣分	判罚依据
		追罚扣分		
27	安全事故	□ 未按正确安全操作程序,损伤、损毁车辆或训练设备,视情节扣 2—20 分,特别严重安全事故的终止训练,成绩记 0 分 □ 未按正确安全操作程序,造成人员伤害,视情节扣 2—20 分,特别严重安全事故的终止训练,成绩记 0 分		

课后练习

一、选择题

1. 比亚迪 E5 车型的电机旋变传感器正弦、余弦和励磁阻值分别是（　　）。

A. 16 Ω、16 Ω、8 Ω　　　　　　　　B. 25 Ω、25 Ω、16 Ω

C. 20 Ω、20 Ω、18 Ω　　　　　　　D. 以上都不正确

2. 比亚迪 E5 车型中,以下不带高压互锁的零部件是（　　）。

A. 高压电控总成　　B. 动力电池包　　　C. 电动力总成　　　D. PTC

3. 比亚迪 E5 车型的动力网的速率是（　　）。

A. 125 kb/s　　　B. 250 kb/s　　　C. 500 kb/s　　　D. 100 kb/s

4. 新能源汽车型仪表上的 OK 灯点亮相当于传统燃油车电源处于哪个挡位?（　　）

A. OFF 挡　　　B. ACC 挡　　　C. ON 挡　　　D. ST 挡

5. 比亚迪新能源汽车设计有智能充电功能,智能充电是针对（　　）来说的。

A. 动力电池包　　B. DC - DC　　　C. 低压铁电池　　　D. VTOG

6. 7 kW 充电盒、对外放电插排的插枪上 CC 对 PE 的阻值分别是多少?（　　）

A. 680、2 000　　B. 2 000、680　　C. 220、680　　　D. 220、2 000

7. 对于比亚迪磷酸铁锂动力电池包,以下哪种电量下便于判断电池单体一致性?（　　）

A. SOC50%　　　B. SOC80%　　　C. SOC100%　　　D. SOC10% 以内

8. 比亚迪 E5 车型的 32A 空调保险(高压)安装在什么位置（　　）。

A. 前舱配电盒　　　　　　　　　　　B. 仪表板配电盒

C. 高压电控总成外侧　　　　　　　　D. 前舱正极保险盒

9. 以下对新能源汽车 DC - DC 的功能描述正确的是（　　）。

A. 纯电模式下,DC 的功能替代了传统燃油车挂接在发动机上的 12 V 发电机,和蓄电池并联给各用电器提供低压电源

B. 将电池包的直流电转换为交流电给驱动电机供电

C. 监测电池包状态

D. 将电动机回馈的交流电转换为直流电

10. 唐是比亚迪"542"战略首款车型,对于542说法不正确的是(　　)。

　　A. 5代表百公里加速5秒以内　　　　　B. 4代表四驱

　　C. 2代表既可直流充电也可交流充电　　D. 2代表百公里油耗2 L以内

11. 比亚迪E5车型动力电池管理系统采用的是分布式电池管理系统,它由几个BIC和几个BMC组成?(　　)

　　A. 10个、1个　　　B. 13个、1个　　　C. 10个、2个　　　D. 13个、2个

12. 电动机上安装的旋变传感器用于检测电动机的转速和旋转位置,相当于燃油车上的(　　)。

　　A. 凸轮轴位置传感器　　　　　　　　　B. 氧传感器

　　C. 曲轴位置传感器　　　　　　　　　　D. 进气压力温度传感器

13. 关于新能源汽车双积分政策,说法不正确的是(　　)。

　　A. 燃料消耗量积分可在关联企业转让,也可使用新能源积分抵扣,但无法买卖

　　B. 新能源积分就算关联企业也无法转让,只能买卖

　　C. 积分未达标的车企将无法申报和生产新车型

　　D. 很多敏感的厂商也已开始合作,例如大众和江淮,戴姆勒和比亚迪

14. 以下哪一项不属于比亚迪E5车型高压组件?(　　)

　　A. 高压电控总成　　B. 动力电池组　　　C. PTC加热器　　D. 高压互锁开关

15. 以下关于比亚迪E5车型无电模式启动车辆说法不正确的是(　　)。

　　A. 踩下制动踏板并按下启动按钮,启动按钮指示灯点亮

　　B. 在10 s内将钥匙靠近启动按钮

　　C. 5 s内会启动车辆

　　D. 无电模式指遥控钥匙内电池没电

16. 以下关于新能源汽车安全防护说明正确的是(　　)。

　　A. 绝缘手套至少需要00级,使用前需要进行吹气检测

　　B. 手摇表使用前需要进行开路、短路试验

　　C. 数字兆欧表可以激活500 V、1 000 V电压进行短路测试

　　D. 进行高压电测试时只要确保双手不构成回路,不带绝缘手套也是可以检测的

17. 以下关于安全措施说法正确的是(　　)。

　　A. 售后维修服务人员只需要有低压电工证

　　B. 洗车时不能进行车辆充电

　　C. 高压回路故障时通过互锁开关切断高压电

　　D. 自放电电路包括主动放电、被动放电,被动放电优先

18. 以下哪一项不属于高压下电流程?(　　)

　　A. 断开维修开关或互锁开关

　　B. 万用表测试电容电量,判断是否完全放电

　　C. 断开负极至少5 min,进行高压电缆电压测试应为0 V

　　D. 妥善保管维修开关或低压负极包裹绝缘胶带,防止重新连接

19. 以下关于比亚迪E5车型双路电的说法正确的是(　　)。

　　A. 指交流充电和直流充电电路

B. 指蓄电池和交流充电电路

C. 比亚迪 E5 车型是由 F2/2 和 F2/4 控制的两条电路

D. 由交流充电和上电控制的电路

20. 以下关于比亚迪 E5 车型车载网络 CAN 总线说法不正确的是（　　　）。

A. BCM 属于舒适 CAN

B. 动力网 CAN 总线的特性是 CAN-H：2.5—3.5 V，CAN-L：2.5—1.5 V

C. 主要有舒适 CAN、动力 CAN、启动 CAN、ESC 网

D. 比亚迪 E5 车型 CAN 网络都带有终端电阻，每个 CAN 网络的其中一个终端电阻在网关中，约为 120 Ω

二、判断题

1. 比亚迪 E5 车型低压铁电池有智能充电模式，电池休眠和唤醒功能。（　　　）

2. 比亚迪 E5 车型的安全防护设备：绝缘手套、绝缘脚垫、绝缘胶鞋耐压等级要求大于 1 000 V。（　　　）

3. 比亚迪 E5 车型，VTOG 集成在高压电控总成内部，主要控制高压交、直流电双向逆变，驱动电机运转，实现充、放电功能。（　　　）

4. 比亚迪 E5 车型上电到 OK 挡，且当前挡位处于 N 挡，此时不需要踩刹车踏板即可以挂上 D 挡/R 挡，所以在维修操作中一定要注意，否则可能造成不必要的损失。（　　　）

5. 对于新能源汽车，动力电池包内如果出现单节电池电压过低会导致能量无法回馈。（　　　）

6. 比亚迪新能源汽车型，如仪表提示"请检查充电系统"，表明 220 V 充电系统存在异常。（　　　）

7. 车辆漏电故障时，系统无法检测具体哪个模块或负载引起的漏电。（　　　）

8. 高压配电箱内部含有各接触器，通过这些接触器的吸合和断开可实现动力电池包是否与负载接通，其中接触器的吸合与断开主要由电池管理控制器控制。（　　　）

9. 车辆报漏电故障时，若可以继续行驶，可不用必须到店检修。（　　　）

10. 高压配电箱既是一个高压零部件，还是高压系统的一个控制单元。（　　　）

11. 比亚迪 E5 车型的电池管理器本身不是高压零部件，属于高压系统的一个控制单元。（　　　）

12. 北方冬季早上凉车时回馈功率小甚至没有回馈，主要是由于电池温度低导致限制回馈。（　　　）

13. 车辆发生碰撞事故时，气囊 ECU 发出碰撞信号给 BMS，控制整车高压断电。（　　　）

14. 比亚迪 E5 车型在更换高压电控总成时需要对其进行防盗编程和系统参数标定。（　　　）

15. 比亚迪 E5 车型在整车退电后，动力电池包的正负极柱之间还是有高压电的。（　　　）

16. 比亚迪 E5 车型采用 REPS 转向系统，仍然需要添加转向油液。（　　　）

17. 拆卸动力电池组时，技术人员必须准备一个绝缘的台面用于放置拆下来的动力电池组。（　　　）

18. 比亚迪 E5 车型低压蓄电池采用比亚迪自制的铁电池,并且内部集成有电池管理器,其通过通信口和整车模块交互信息。（　）

19. 电机上标有用于明确识别和分配的拓印号,电机拓印号与内燃机类似,获得主管部门批准时也需要该拓印号。（　）

20. 在更换比亚迪 E5 车型高压电控总成时,使用原厂诊断仪 VDS1000 先对原车的 VTOG 进行密码清除,然后再对换上的备件进行防盗编程。（　）

21. 比亚迪 E5 车型的 DC－DC 在上 OK 电时、充电时(包括交流充电、直流充电)、智能充电时都会工作。（　）

22. 高压配电箱能实现整车高压回路配电功能以及高压漏电检测功能。（　）

23. 漏电传感器的工作电源是双路电,因为无论是上电还是充电过程,都是需要监测高压系统的绝缘情况的。（　）

24. 比亚迪 E5 车型制冷系统采用电动压缩机,额定功率 2 kW,在机舱靠左侧,固定在变速器上。（　）

25. 比亚迪 E5 车型空调系统采用的是 R134a 系统,抽真空、保压、加注合为一体加注。（　）

26. 比亚迪 E5 车型暖风系统采用 PTC 水加热器,额定功率 6 kW,PTC 加热冷却液后供给暖风芯体。（　）

27. 在比亚迪 E5 车型中功率表默认用“kW”来指示整车的功率,可通过菜单中的单位设置选择“HP”。（　）

28. 新能源汽车中高压线缆黄色的警告标记表示一直存在高压。（　）

29. 绝缘监控电路的作用是高压电路电流过载保护。（　）

30. 断开安全盖板或高电压安全插头,或者发现接收到的信号与所发出的高电压互锁信号存在较大偏差(信号电平、对地或对正极短路),则电子装置促使高电压系统关闭。（　）

新能源汽车
高压安全

项目说明

　　新能源汽车与传统汽车在原理上有较大的区别,新能源汽车由高压电气系统和低压电气系统组成,而传统汽车只有低压电气系统。新能源汽车的高压电气系统包括动力电池包、电池管理系统(BMS)、高压配电箱、充电系统和其他高压元件。因此,高压电气系统里500 V以上和上百安培的电流都是对汽车高压部件运行、维护及维修安全的一种考验。因此,高压电气系统是新能源汽车电气系统的一个重要组成部分。

项目目标

1. 了解动力电池包、高压互锁、高压配电箱的结构与原理
2. 掌握电池管理器原理和控制策略
3. 掌握充电技术运用与管理
4. 能判断修复简单高压电器常见故障
5. 掌握动力电池包拆卸流程

教学内容

　　在维修新能源汽车常见故障中车辆不能正常上电,表现为车辆不能行驶,都与高压电气系统中动力电池包电池管理系统、双路电高压电控以及充电系统有关联。因此要想诊断上述故障不仅要掌握新能源高压电气控制原理,还要掌握高压部件检测方法。本项目通过两个任务学习内容,掌握新能源高压安全注意事项。

任务一　新能源汽车高压电气系统

一、动力电池包

（一）动力电池包总成安装位置

动力电池包总成安装在后排座椅与行李舱之间,如图 2-1 所示。

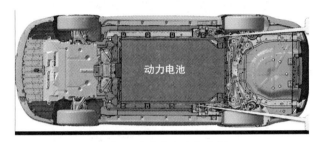

图 2-1　动力电池包位置

（二）动力电池包功用

（1）充电储能
（2）放电

（三）动力电池包结构及参数

1. 组成
（1）动力电池模组（分 10 个模组,共 152 个单体）
（2）动力电池串联线
（3）动力电池采样线
（4）电池信息采集器
（5）接触器、保险
（6）电池包护板
（7）安装支架

2. 参数
（1）每个单体 3.3 V
（2）电池包标称电压 501.6 V
（3）标称容量 26 A·h
（4）一次充电 13 度

图 2-2　动力电池包外形结构

图 2-3　动力电池包外壳

（四）动力电池包模组装配顺序

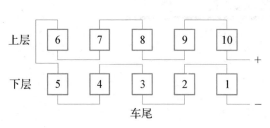

图 2-4　动力电池包模组

（五）动力电池包线束

1. 高压线束

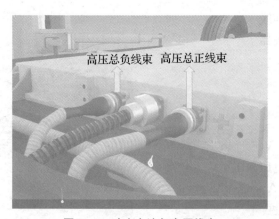

图 2-5　动力电池包高压线束

2. 采样线束

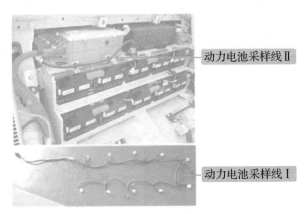

动力电池采样线Ⅱ

动力电池采样线Ⅰ

图 2－6　动力电池包采样线束

（六）电池包内部接触器控制

接BMC03

电池模组接触器1控制脚	电池模组接触器2控制脚	电池模组接触器3控制脚	电池模组接触器4控制脚	电池模组接触器1电源脚	电池模组接触器2电源脚	电池模组接触器3电源脚	电池模组接触器4电源脚
0.5	0.5	0.5	0.5	0.5	0.5	0.5	0.5
03 BMC04	04 BMC04	10 BMC04	11 BMC04	14 BMC04	15 BMC04	20 BMC04	21 BMC04

图 2－7　动力电池包内部接触器控制电路图

（七）动力电池包拆卸和拆解

北汽新能源汽车 EV150 和 EV160 采用的是磷酸铁锂电池,这种电池寿命长,循环寿命大于 2 000 次,安全性能高,但能量密度相对较低;EV200 则采用的是韩国 SK 三元锂离子电池,这种电池能量密度相对较高,但循环寿命只有 1 000 次。

以下是 EV200 动力电池包的拆卸和拆解过程。首先做好断电工作,举升车辆至工作高度。先拔除电池总成的低压控制端子后再拔除高压线束端子。之后就可以进行拆卸工作。使用电池托架并在电池重心处上升至电池底板高度,拧下固定螺栓即可卸下电池。从车上卸下电池后拧下电池包螺栓即可观察到内部。如图 2-8 所示。

动力电池包的内部结构如图 2-9、图 2-10 所示。

图 2-8　动力电池包拆卸

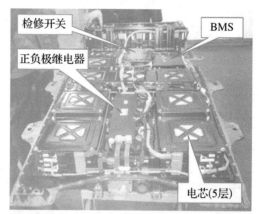

图 2-9　动力电池包内部结构

图 2-10　动力电池包内部布局图

电池总成内部的构造属于行业机密,每个厂家的动力电池系统都不大一样。EV200 所使用的电芯为 SK 三元锂电电芯,电池包布局结构为 3P91S(3 个并联,91 个串联),共 $3\times91=273$ 个电芯。由 BMS(电池管理系统)监控每个电芯并反馈给 VCU(整车控制系统),以确保每块电池工作在最佳状况。

（八）新能源汽车动力电池包的正确保养方法

（1）正确掌握充电时间。电量表指示灯的红灯和黄灯亮起时,说明该充电了;只有红灯亮时,应立即停止运行,尽快充电,否则会导致电瓶过度放电严重缩短其寿命。如果充满电后运行时间较短就再次充电,充电时间不宜过长,否则会形成过度充电、电瓶发热,也会缩短电瓶寿命。一般情况下蓄电池平均充电时间在 8—10 小时,充电过程中电瓶温度如果超过 65 ℃,立即停止充电。

（2）保护好充电器。充电时保持充电器的通风,否则不但影响充电器的寿命,还可能发生热漂移而影响充电状态。

（3）最好每天充电。就像我们日常使用手机一样,坚持每天充电能提高电池的活性,而经常等到没电了再去充电则会降低电池的寿命。

（4）当车辆闲置不用时应确保电池的电量,并定期对电池进行充电。

（5）减少大电流放电。电动汽车在起步、载人、上坡时,尽量避免猛踩加速,形成瞬间大电流放电。大电流放电容易导致产生硫酸铅结晶,从而损害电池极板的物理性能从而降低电池的寿命。

（6）定期深放电。电池定期进行一次深放电也有利于"活化"电池,此举可以略微提升电池的容量。

二、电池管理系统

（一）分布式电池管理系统介绍

1. 组成

分布式电池管理系统(Distributed Battery Management System,DBMS),由 10 个电池信息采集器（Battery Information Collector,BIC）和 1 个电池管理控制器（Battery Management Controller,BMC)组成。

2. 安装位置

10 个 BIC 分别位于 10 个动力电池模组的前端,BMC 位于行李箱车身右 C 柱内板后段,如图 2-11,图 2-12 所示。

10个电池信息采集器(BIC)

图 2-11 动力电池信息采集器安装位置

图 2-12 动力电池管理器安装位置

3. 功用

BIC 的主要功能是电压采样、温度采样、电池均衡、采样线异常检测等，如图 2-13 所示。

图 2-13 动力电池信息采集器结构

BMC 的主要功能是总电压监测、总电流监测、SOC 计算、充放电管理、接触器控制、功率控制、电池异常状态报警和保护、漏电报警、碰撞保护、自检以及通信功能等，如图 2-14 所示。

图 2-14 动力电池信息采集器外形结构

（二）K64/K65 接插件引脚顺序

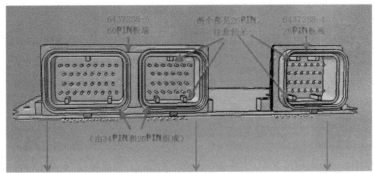

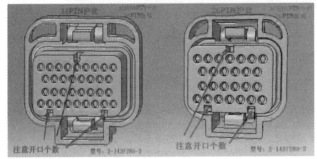

图 2-15　动力电池信息采集器 K64/K65 接插件引脚

K64——34pin＋26pin

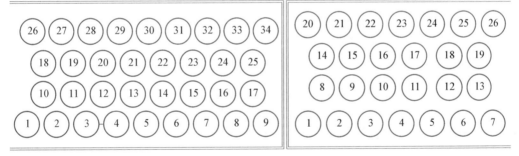

图 2-16　动力电池信息采集器 K64 接插件引脚

K65——26pin

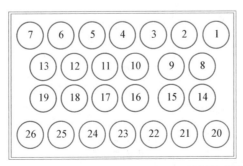

图 2-17　动力电池信息采集器 K65 接插件引脚

（三）动力电池管理器电池异常状态报警和保护

表 2－1　动力电池管理器故障

故障状态	电池管理器系统故障诊断状况
模块温度＞65 ℃	1级故障:一般高温告警
模块(单体)　电压＞3.85 V	1级故障:一般高压告警
模块(单体)　电压＜2.6 V	1级故障:一般低压告警
绝缘电阻＜设定值	1级故障:一般漏电告警
模块温度＞70 ℃	2级故障:严重高温告警
模块(单体)　电压＞4.1 V	2级故障:严重高压告警
模块(单体)　电压＜2.0 V	2级故障:严重低压告警
绝缘电阻＜设定值	2级故障:严重漏电告警

（四）动力电池管理器系统框图

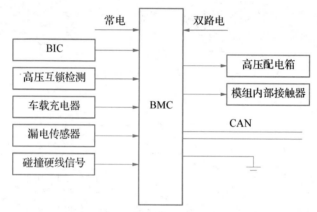

图 2－18　动力电池管理器原理图

（五）动力电池管理器电路原理图

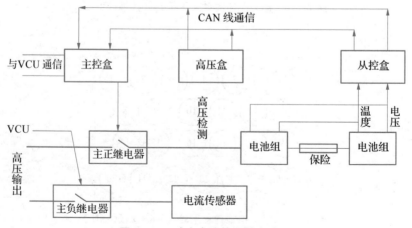

图 2－19　动力电池管理器电路图

（六）低压铁电池唤醒方法

（1）全车无电，低压电池是否休眠，如休眠可按下左前门微动开关唤醒。

（2）测量低压铁电池启动极柱与负极柱之间电压，确认是否电芯亏电。

（3）救援搭电方法：启动极柱和 DC 极柱需同时接上电源。

（4）充电方法：DC 极柱唤醒前提下，通过连接 DC 极柱和负极柱充电，防止过充。

完全亏电低压铁电池起动极柱电压会很低，此时低压极柱同样无法输出，可以先使用充电设备正极连接低压铁电池正极柱，负极连接低压铁电池负极柱，使用恒压限流方式对低压铁电池充电，稳定电压在 15 V，电流限制在 30 A 以内，充电 10 s 后将低压铁电池正极柱唤醒，然后再将充电设备正极连接低压铁电池正极柱上完成充电。低压铁电池完成充电时间一般在 2—3 小时，最后充电后电流变为 0—1 A，充电过程完成。

特别注意：从低压铁电池正极柱才能有过充保护，所以步骤（2）和（3）最终都是通过低压铁电池正极柱补充电，切勿一直从正极柱充电，稳压源电压控制在 15 V 以内，否则容易引起过充风险。

三、高压配电箱

（一）高压配电箱介绍

1. 高压配电箱安装位置

高压配电箱（High Voltage Distribution Assy，HVDB），位于后行李舱电池包支架右上方，如图 2-20 所示。

图 2-20　高压配电箱安装位置

2. 高压配电箱功用

将电池包的高压直流电分配给整车高压电器使用，其上游是电池包，下游包括驱动电机控制器及 DC 总成、PTC 水加热器、电动压缩机、漏电传感器，也将车载充电器的高压直流电分配给电池包。

（二）高压配电箱系统框图

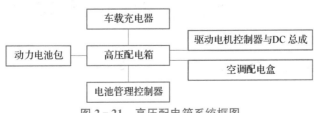

图 2-21　高压配电箱系统框图

（三）高压配电箱结构

高压配电箱外部有高压端子、低压线束、漏电传感器检测线、空调保险、车载充电保险。高压配电箱外部高压端子如图 2-22 所示。

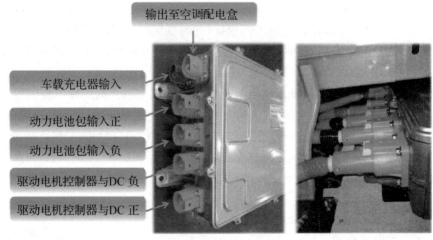

输出至空调配电盒

车载充电器输入

动力电池包输入正

动力电池包输入负

驱动电机控制器与DC负

驱动电机控制器与DC正

图 2-22 高压配电箱外部高压端子

图 2-23 高压配电箱结构

高压配电箱内部有接触器、保险、电流霍尔传感器，如图 2-24 所示。

图 2‑24　高压配电箱内部结构

（四）高压配电箱低压控制 22pin 接插件针脚定义

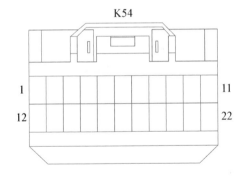

高压配电箱低压 22pin 接插件(K54)针脚定义	
号码	定义
1	预充接触器电源
3	正极接触器电源
4	交流充电接触器电源
5	负极接触器电源
7	空调接触器电源
9	电流霍尔信号
10	负极接触器控制
13	预充接触器控制
14	正极接触器控制
17	空调接触器搭铁
19	霍尔电流传感器＋15 V
20	交流充电接触器控制
21	霍尔电流传感器－15 V
其余	空脚

图 2‑25　高压配电箱低压控制接插件针脚定义

（五）高压配电箱电路原理图

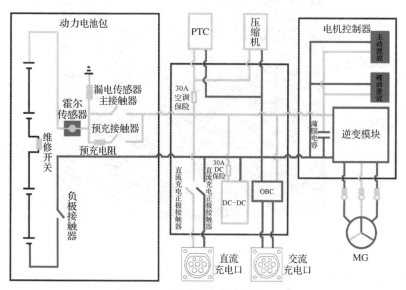

图 2-26　高压配电箱电路原理图

四、双电路

（一）双电路概念

燃油车没有充电工况,所以燃油车的模块除了常电外,还有 IG 电。而对于新能源汽车部分模块,比如 BMS、VTOG、DC-DC 等无论上电还是充电都需要工作,所以除常电以外的这路电源,必须在上电和充电时都供电,这路电源称为双路电,即上电＋充电两路。

比亚迪 E5 双路电源是这样设计的:上 OK 电和交流充放电时,由双路继电器 1 吸合供电;直流充电时,则由直流充电继电器吸合供电。

（二）双路电原理方框图

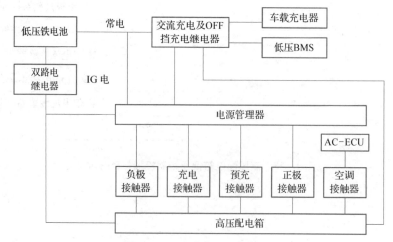

图 2-27　双路电原理方框图

五、高压互锁

（一）高压互锁定义

在每一个高压回路,电池包内部和电动电池的每根采样线均增加了保险,即使发生了短路,也可以保证电池包等高压器件及线束不会发生短路起火。

高压互锁,也指危险电压互锁回路(Hazardous Voltage Interlock Loop,HVIL),通过使用电气小信号,来检查整个高压产品、导线、连接器及护盖的电气完整性(连续性),识别电路异常断开时,及时断开高压电。图 2-28 所示为高压互锁原理图。

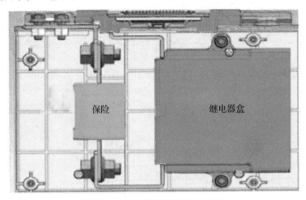

图 2-28　高压互锁原理图

（二）设计目的

(1) 整车在高压上电前确保整个高压系统的完整性,使高压处于一个封闭的环境下工作,提高安全性;

(2) 当整车在运行过程中高压系统回路断开或者完整性受到破坏的时候,需要启动安全防护;

(3) 防止带电插拔高压连接器给高压端子造成的拉弧损坏。

（三）互锁原理

1. 高压插头上的互锁端子

接充电机插件
A: 电源负极
B: 电源正极
中间互锁端子

接空调压缩机插件
1: 电源正极
2: 电源负极
中间互锁端子

接DC/DC插件
A: 电源负极
B: 电源正极
1: 互锁信号输入
2: 互锁信号输出

接空调PTC插件
1: PTC-A组负极
2: PTC-B组负极
3: 电源正极
4: 互锁信号线

图 2-29　高压插头上的互锁端子

2.高压互锁原理

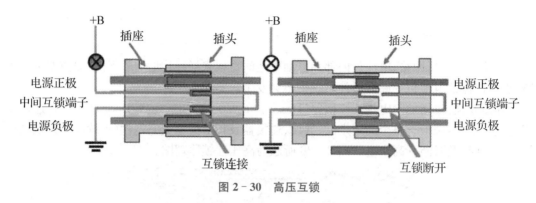

图 2-30 高压互锁

（四）北汽高压互锁

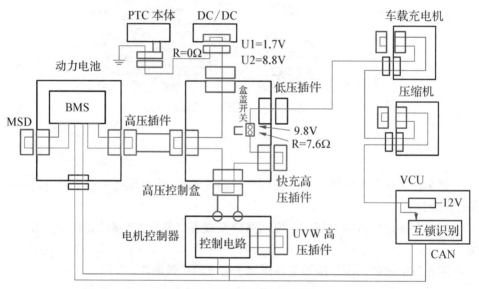

图 2-31 北汽高压互锁连接图

（五）比亚迪秦 EV、E5 车型结构互锁

秦 EV、E5 车型作为纯电动汽车，只做了互锁 1（结构互锁），高压互锁是由 BMS 来检测的，由 BMC01 的 1 号针脚（W 线）输出 PWM 信号，经过 PTC、高压电控总成、动力电池包后再回到 BMC02 的 7 号针脚（W 线），如图 2-32 所示。

在 BMS 报高压互锁故障时，首先需要通过测量 BMC01 的 1 号针脚与 BMC02 的 7 号针脚（线束端）是否导通来判定真互锁还是假互锁。若导通，则为 BMS 误报，确认 BMS 本身有无故障；如不导通，则需要根据互锁回路来进一步确认互锁的故障点。

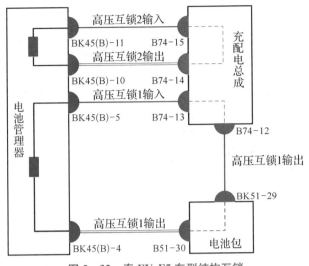

图 2‐32　秦 EV、E5 车型结构互锁

（六）高压互锁控制策略

（1）故障报警。无论电动汽车在何种状态,高压互锁系统在识别到危险时,车辆应该对危险情况做出报警提示,需要仪表或指示器以声或光报警的形式提醒驾驶员,让驾驶员注意车辆的异常情况以便及时处理,避免发生安全事故。

（2）切断高压源。当电动汽车在停止状态时,高压互锁系统在识别严重危险情况时,除了进行故障报警,还应通知系统控制器断开自动断路器,使高压源被彻底切断,避免可能发生的高压危险确保财产和人身安全。

（3）降功率运行。电动汽车在高速行车过程中,高压互锁系统在识别到危险情况时,不能马上切断高压源,应首先通过报警提示驾驶员,然后让控制系统降低电机的运行功率,使车辆速度降下来,以使整车高压系统在负荷较小的情况下运行,尽量降低发生高压危险的可能性,同时也允许驾驶员能够将车辆停到安全的地方。

六、充电系统

（一）交流充电连接装置及交流充电口总成

图 2‐33　交流充电连接装置及交流充电口总成

1. 交流充电连接装置

图 2-34 交流充电连接装置实物图

连接供电端三芯插头,充电连接装置上的控制盒点亮"READY"指示灯,同时"CHARGE"指示灯闪烁,如图 2-35 所示。

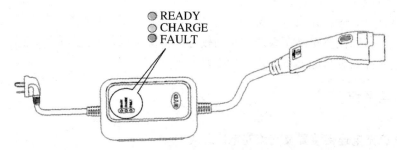

图 2-35 交流充电连接装置指示灯

2. 交流充电口总成

交流充电口又称慢充口,位于行李舱门上,用于将外部交流充电设备的交流电源连接到车辆充电回路上。车辆外部通过充电连接装置连接到交流充电设备,车辆内部通过高压电缆连接到车载充电器上,如图 2-36 所示。

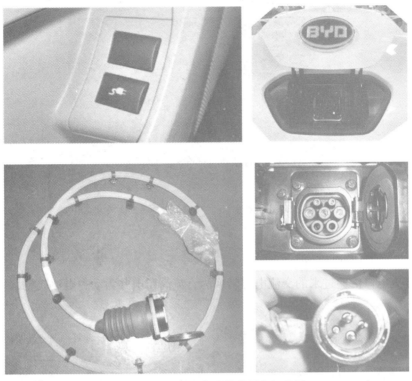

图 2 – 36　交流充电连接装置车辆位置

3. 交流充电口国标

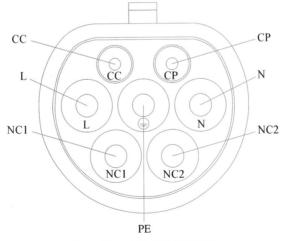

图 2 – 37　交流充电接口定义

（二）**车载充电器**（On-Board Charger Assy,OBC）

1. 安装位置

车载充电器位于后行李舱右部,如图 2 – 38 所示。

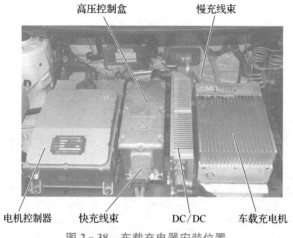

图 2 - 38　车载充电器安装位置

2. 功用

将交流充电口传递过来的交流电源转换为直流高压电并为动力电池充电。

3. 实物结构介绍

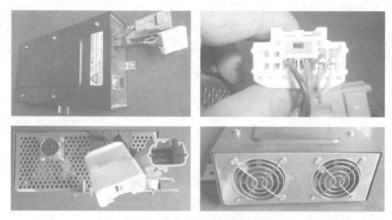

图 2 - 39　车载充电器实物

4. 车载充电器低压 10pin 接插件针脚定义

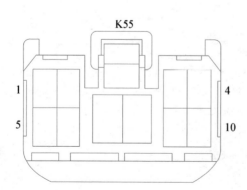

车载充电器低压 10pin 接插件(K55)针脚定义	
号码	定义
3	CAN - L
4	充电指示灯信号
7	接地
8	持续 10 A 电流
9	CAN - H
10	充电感应信号
其余	空脚

图 2 - 40　车载充电器低压 10pin 接插件针脚定义

5. 充电系统

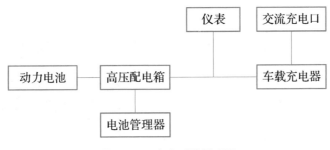

图 2‑41　充电系统原理图

6. 充电流程

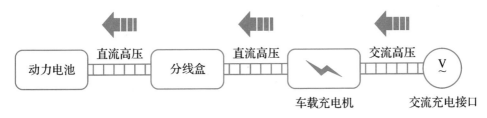

图 2‑42　充电流程图

7. 充电请求允许电路

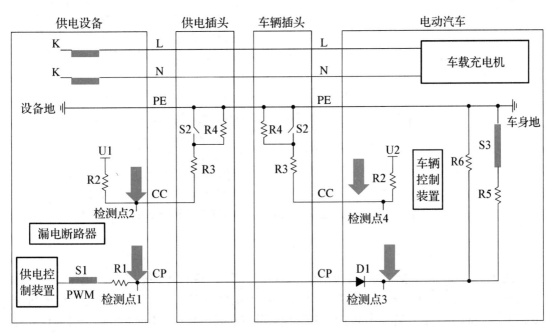

图 2‑43　充电请求允许电路图

（三）充电方式

1.预约充电（按照客户设置的充电时间对车辆定时充电）

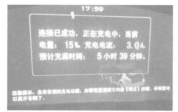

图2-44　预约充电

2.即时充电（一般直接充电）

家用单相交流充电。

性能参数：输入电压220 VAC50H；输入功率1.5 kW。

3.一般充电故障诊断

表2-2　一般充电故障

故障状态	可能原因	解决方法
不能充电，物理连接完成，已启动充电（包含三芯转七芯）	电源置于OK挡	将电源挡位置于OFF挡
	动力电池已充满	动力电池已充满时，充电会自动停止
	12 V铁电池过放电	寻找其他12 V电源，如搭接其他车辆的12 V铁电池，充电开始后，会同时给铁电池充电
	车辆或交流充电连接装置故障	确定仪表盘上有电池故障灯点亮，或是有充电系统故障提示语，停止充电，与比亚迪认证的经销商联系
充电中途停止充电	电源断电	电源恢复后，会自动重新开始充电
	充电电缆没有连接完好	确认充电连接装置电缆没有虚接
	充电连接装置开关被按下	充电连接装置开关被按下则停止充电，需重新连接充电连接装置，启动充电
	动力电池温度过高	仪表显示动力电池温度过高，报警指示灯亮，充电会自动停止，待电池冷却后再充电
	车辆或车载充电器发生故障	确认仪表提示，读取相关数据流分析

（四）充电解决方案

图2-45为一种可参考的新能源汽车充电解决方案，包括配电系统（高压配电柜、变压器、无功补偿装置和低压开关柜）、充电系统（充电柜和充电机终端）以及储能系统（储能电池与逆变器柜）。无功补偿装置解决充电系统对电网功率因数的影响，充电柜内充电机一般都具备有源滤波功能、解决谐波电流和功率因数问题。储能电池和逆变器柜解决老旧配电系统无法满足充电站容量要求并起到削峰填谷的作用，在不充电的时候进行储能，大容量充电且配电系统容量不足时释放所储能量进行充电。如果新建配电系统容量足够，储能电池和逆变器柜可以不选用。风力发电和光伏发电为充电系统提供清洁能源，尽量减少从电网取电。

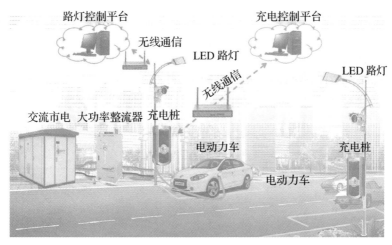

图 2‒45　充电系统组成

（五）故障案例

1. 故障现象

帝豪 EV300 新能源汽车无法用便携式充电盒进行交流慢充充电。

2. 检查分析

该车连接慢充充电枪后，充电插座上的红色充电指示灯常亮（图 2‒46），这代表存在充电故障。组合仪表中的充电连接灯点亮，但充电指示灯并未点亮（图 2‒47），这表明充电枪已经连接好但系统并未充电。

图 2‒46　充电插座的红灯指示灯常亮　　图 2‒47　故障车仪表显示

由于充电插座上的红色指示灯常亮，表明充电系统自检没有通过，这种情况下自诊断系统会记录相关故障码。于是维修人员使用专用诊断仪读取该车故障码，发现未连接充电枪时故障码为"P10031B——OBC 充电过程中充电枪插座温度过高，当前的"；当充电枪连接后，除 P10031B 故障码外还新增了故障码"P10031E——充电枪插座温度无效，当前的"，如图 2‒48 所示。

帝豪 >> 帝豪EV300 >> 充电控制器（OBC） >> 读故障码		
	描述	
P10031B	OBC充电过程中充电枪插座温度过高	当前的
P10031E	充电枪插座温度无效	当前的

图 2‒48　诊断仪读取到的故障码

根据该车型资料,车载充电机(OBC)负责将交流充电桩或者便携式充电盒输入的交流电转换为直流电对电池组进行充电,同时对充电插座的充电温度进行监测,避免因温度过高而引起充电插座烧结。

　　车载充电机上的 EP66 接插器的 11 号和 12 号端子与交流充电插座相连,正是充电插座温度传感器的信号线,如图 2-49 所示。

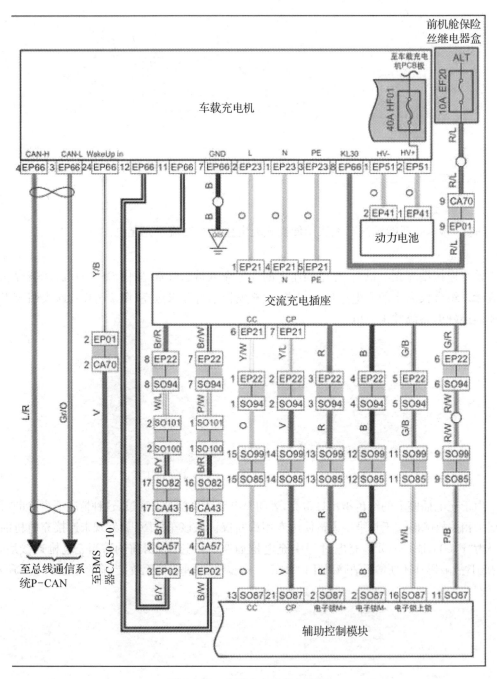

图 2-49　交流充电系统电路图

于是将车载充电机上的 EP66 接插器断开,测量其 11、12 号端子之间的电阻值,结果显示为 0.5 Ω,说明二者短接,如图 2-50 所示。

断开交流充电插座的 EP22 接插器,测量其 7、8 号端子之间的电阻值,也就是温度传感器自身的电阻值,测量结果显示为 0 Ω,如图 2-51 所示。

图 2-50　EP66 接插器端的测量结果

图 2-51　EP22 接插器端的测量结果

由测量结果分析,该车无法充电的故障正是由于温度传感器内部短路所引起的。当车载充电机检测到充电插座温度传感器的电阻为 0 Ω 时,会误认为插座温度过高,进而出于热保护的原因而禁止通过交流充电插座进行充电,同时记录相应的故障码并点亮红色的充电故障警告灯。

3. 故障排除

更换交流充电插座,如图 2-52 所示,清除故障码后重新用便携式充电盒为车辆充电,连接充电枪后,充电插座上的绿色充电指示灯闪烁;如图 2-53 所示,代表系统正在充电,同时组合仪表上的

图 2-52　交流充电插座

充电连接灯和充电指示灯均点亮;如图 2-54 所示,交流充电系统运行正常,故障排除。

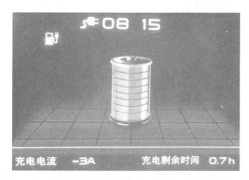
图 2-53　组合仪表上的充电连接灯和充电指示灯

图 2-54　绿色指示灯闪烁表示充电正常

任务二　高压潜在危害及防护措施

一、新能源汽车高压系统安全与防护

(一)新能源汽车高压电的类型

依据国家标准 GB/T 18384.3—2015《电动汽车安全要求第 3 部分:人员触电防护》要求,考虑到空气的湿度和人体在不同工作环境下的电阻,根据不同电压等级可能对人体产生的伤害和危险程度不同,在新能源汽车中将车辆电压按照类型和数值分为两个安全级别,见表 2-3。

表 2-3　新能源汽车高压电的类型

电压安全级别	最大工作电压/V	
	DC(直流)	AC(交流)
A	$0<U\leqslant60$	$0<U\leqslant30$
B	$60<U\leqslant1\ 500$	$30<U\leqslant1\ 000$

A 级是较为安全的电压等级,在直流中,最大工作电压应小于或等于 60 V;在交流中,最大工作电压应低于 30 V,该电压下的维护人员不需要采取特殊的防电保护。

B 级对人体会产生伤害,被认为是高压。在该电压下必须采用必要的防护设备对维护人员进行保护。

动力电池、高压导线、高压系统模块等,会存在直流高电压

逆变器、驱动电机及连接导线、高压压缩机内部,会存在交流高电压

图 2-55　新能源汽车主要高压部件

(二)新能源汽车高压类型

直流高压主要分布在动力电池到各个驱动部件的位置,如动力电池到驱动逆变器之间

连接的是直流高电压;动力电池到高压压缩机之间连接的是直流高电压。

交流高压主要分布在逆变器与驱动电机之间,以及充电接口与车载充电器之间。不同的是逆变器与驱动电机之间的交流高电压通常都在 300 V 左右,而充电接口与车载充电器之间的交流高电压即为外部电网的 220 V 电压,如图 2-55 所示。

（三）新能源汽车高压电标识

如图 2-56 所示为新能源汽车高压警示标识。

图 2-56　新能源汽车高压警示标识

（四）新能源汽车高压安全设计

如图 2-57 所示为新能源汽车高压存在时间。

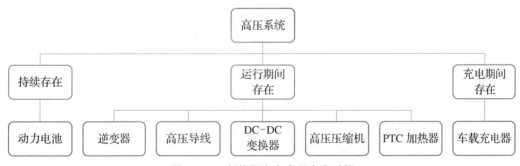

图 2-57　新能源汽车高压存在时间

（1）持续存在。新能源汽车的动力电池持续存在高电压,即使当车辆停止运行期间,动力电池始终存储电能,因此当满足动力电池的放电条件后,该部件将继续对外放电,如图 2-58 所示。

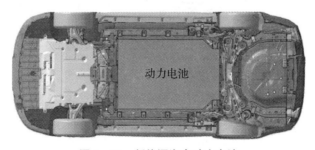

图 2-58　新能源汽车动力电池

（2）运行期间存在。运行期间存在高压的部件，是指当点火开关处于 ON 挡、RUN 挡或其他运行状态时，部件存在高电压。对于逆变器、高压压缩机、PTC 加热器及 DC‑DC 变换器部件，只有在系统运行时，来自动力电池的高电压才会加载到这些部件上。

（五）新能源汽车的安全隐患

1. 高压触电安全

人体能承受的安全电压的高低取决于人体允许通过的电流和人体的电阻。人体电阻主要由体内电阻和体表电阻组成。人体电阻随着条件的不同在很大范围内变化，但是一般不低于 1 kΩ。我国民用电网中的安全电压多采用 36 V，大体相当于人体允许通过电流 30 mA（以人体电阻为 1 200 Ω）的情况，这就要求人体可接触的新能源汽车任意两个带电部位的电压要小于 36 V。无论是纯电动汽车，还是高电压的混合动力汽车，其电压和电流等级都比较高。动力电池的电压一般为 300—600 V。正常工作时，电流可达几百安培，这已经远远超过人体能承受的极限，如图 2‑59 所示。

图 2‑59　新能源汽车高压路线

2. 动力电池安全

如图 2‑60 所示，锂离子电池在正常使用过程中不会出现安全问题，但电池的滥用会导致电池的热效应加剧，这是锂离子电池出现安全问题的导火索，最终表现为电池的"热失控"，从而引起安全事故。导致热失控有以下几种情况：

（1）过充电与过放电；

（2）过电流；

（3）电池过温。

图 2‑60　新能源汽车锂离子电池结构示意图

3. 危险运行工况下的安全

如图 2-61 所示，以丰田卡罗拉新能源汽车为例，新能源汽车由于存在高电压，在行驶中发生事故时，如果没有很好的安全设计，很容易发生安全隐患。这些安全隐患包括：

(1) 高压系统短路；

(2) 发生碰撞或翻车；

(3) 涉水或遭遇暴雨；

(4) 充电时车辆的意外移动。

图 2-61　丰田卡罗拉新能源汽车

（六）新能源汽车的安全设计

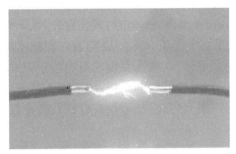

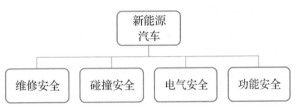

图 2-62　新能源汽车的安全设计

(1) 维修安全。维修安全主要包含两方面：传统汽车的维修安全和针对新能源汽车的特殊维修安全。新能源汽车的维修安全主要是防止高压触电。

(2) 碰撞安全。当车辆发生碰撞时，车辆的安全系统应当满足以下要求：碰撞过程中以及碰撞后都要保证相关人员的人身安全。

(3) 电气安全。新能源汽车的电气安全主要包括以下几个方面：防止人员接触到高压电、电池能量的合理分配、充电时的高压安全、行驶过程中的高压安全、碰撞时的电气安全、维修时的电气安全。

(4) 功能安全。电动类型的新能源汽车，需要从以下两个功能方面采取安全设计，避免安全隐患的发生。

① 转矩安全管理。为防止车辆出现不期望的运动，需要在整车控制器中加入转矩安全控制策略。具体转矩安全策略如下：

A. 整车控制器负责计算整车的转矩需求，计算的转矩需求的差值大于某个标定值，则认为转矩输出存在安全风险，此时整车控制器会将车速限制在安全范围内。

B. 若整车控制器的需求转矩与电机的实际转矩的差值大于某个标定值，则认为电机的转矩控制存在风险，此时整车控制器将会限制电机的转矩输出。若两者差值一直过大，则切断动力电池的动力输出。

② 充电安全。在充电时需要防止车辆移动，以及避免快充、慢充、行驶模式之间的冲突，为此进行以下设计：

A. 只有挡位放在 P 挡时才允许充电。

B. 在充电过程中,转矩需求及实际转矩输出都应当为零。

C. 当充电枪插上时,不允许闭合控制高压电输出的接触器。

D. 当充电回路绝缘电阻小于标准要求的阻值时,应当停止充电并断开高压接触器。

二、电击和电伤

电流具有热效应、磁效应、化学效应和光电效应,当人体触电时会造成人体不同程度的伤害。在一定概率下,通过人体引起任何感觉的最小电流称为感知电流;在一定概率下,人触电后能自行摆脱带电体的最大电流称为摆脱电流。对应于50%概率下,成年男子的摆脱电流大约为16 mA,成年女子的摆脱电流是10.5 mA;而在99.5%的概率下,分别为9 mA和6 mA。儿童的摆脱电流阈值更小。室颤电流是指通过人体引起心室发生纤维性颤动的最小电流,是短时间内致命的最小电流。

如图2-63所示,区域①表明该区域的触电电流大小对人体不会引起任何感觉,即便时间任意长;区域②是人体有感觉的电流区域,在小于5 mA时,即便触电时间任意长,也不会对生命造成危害,但会有麻感或疼痛感;如果触电电流大于等于5 mA,会随着时间的增加而进入"摆脱电流极限",此时触电者将无法自行摆脱带电体;区域③会出现肌肉痉挛,心律失常,呼吸困难,但在没有超过临界值时一般不会出现持续性器官的损伤;区域④则是最危险的区域,该区域会发生心室颤动,心脏会停止跳动,呼吸会停止,如果没有得到及时抢救,将很快死亡。

例如,触电电流为200 mA时,在前10 ms,触电者会有麻感和疼痛感,也能够自行摆脱,但是一旦过了10 ms,触电者将无法自行摆脱,会出现更严重的肌肉痉挛心律失常呼吸困难等症状,如果此时没有得到施救摆脱带电体,一旦到了300 ms,触电者将会发生心室颤动,血液停止循环,全身器官会因缺氧而受到损伤或衰竭致死。

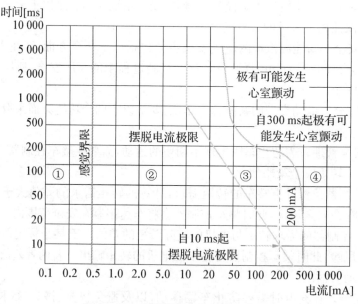

图 2-63　新能源汽车高压触电电流

高压电造成的触电事故会导致电击和电伤。电击是指电流直接流过人体而造成的伤害,通常表现为麻感、针刺感、压迫感、打击感、痉挛、疼痛、呼吸困难、血压异常、昏迷、心律不齐、窒息、心室颤动等症状。电伤是指电流转换成其他形式的能量作用于人体而造成的伤害,主要有电灼伤、电烙印、皮肤金属化、机械性损伤、电光眼和二次损伤。

电动汽车国家标准 GB/T 18384.3—2001 中明确规定了电动汽车的工作电压等级划分,如表 2-4 所示。对于 A 级电压的电路不要求提供触电防护;对于 B 级电压电路的带电部件,都应为人员提供危险接触的防护。

为避免高压触电事故的发生,在对新能源汽车进行维修时,通常需要用到专业的触电防护工具,如绝缘手套、护目镜、绝缘鞋、放电工装、验电工具、绝缘工具、绝缘电阻表、绝缘胶垫、绝缘隔板、标示牌和遮拦等,如图 2-64 所示。

表 2-4　电动汽车的工作电压等级划分

工作电压等级	直流/V	交流/V
A 级	$0<I<60$	$0<I<25$
B 级	$60<I<1\,000$	$25<I<660$

绝缘工具

绝缘电阻表

绝缘手套

标示牌和警戒线

图 2-64　新能源汽车高压安全防护用品

三、新能源高压断电七步曲

电气事故按灾害形式可以分为人身事故、设备事故、火灾事故、爆炸事故等。由于电动汽车存在高压电气部分,安全工作必须做好,电气安全工作是一项综合性的工作,有技术的一面,也有组织管理的一面。北汽新能源汽车有限公司提出了电动汽车高压操作安全措施。必须贯彻一个方针"安全第一,预防为主"。在新能源汽车全部停电或部分停电的电气设备上工作,必须完成下列七步措施:

(1) 停电:断开蓄电池负极确保高压控制线路断电,如图 2-65 所示。

(2) 挂锁:断开检修开关确保电池断路,将车钥匙和检修开关一起锁在某个柜子或箱子里,钥匙由检修人员随时携带,从而避免其他人员无意将检修开关插上而导致危险,如图2-66所示。

图 2-65 新能源汽车断开蓄电池负极示意图

图 2-66 新能源汽车断开检修开关示意图

(3) 放电:释放电气元件的电容等部件的残余电量,如图 2-67 所示。

(4) 验电:确保各高压接口已完成放电。

(5) 悬挂标示牌:无关人员撤离,操作过程中严禁合闸。

(6) 装设遮拦:设置安全距离,如图 2-68 所示。

图 2-67 新能源汽车放电操作示意图

图 2-68 悬挂新能源汽车标示牌

(7) 有监护人:电动汽车检修操作必须有两人或两人以上进行操作,一人操作一人在旁边监护。

 实训任务

动力电池组拆装与检测训练

在规定时间内,要求以小组作业方式,严格执行高压作业安全规定,规范使用工具仪器,依据厂家技术标准和实训要求,在整车上完成高压系统断电、动力电池拆卸、装车检查、安装动力电池、性能检验,并形成书面报告。建议采用吉利帝豪 EV300 车型。

一、作业流程

序号	作业项目		考核主要内容
1	高压系统断电	FE0208-101ZZ	记录车辆信息; 安装翼子板布、格栅布; 安装车内四件套; 落下驾驶员侧车窗玻璃; 连接故障诊断仪; 记录故障信息; 放置高压警示标识; 关闭启动开关; 断开辅助蓄电池负极; 拧下电池膨胀壶加水盖。
2	动力电池拆卸	FE0203-104ZZ	举升车辆; 支撑动力电池; 佩戴绝缘手套、护目镜; 拆卸动力电池高压连接器; 测量动力电池高压回路; 拆卸动力电池低压连接器; 断开与热交换器的连接水管; 断开与水泵的连接水管; 拆卸动力电池搭铁线; 拆卸动力电池后部固定螺栓; 拆卸动力电池前部固定螺栓; 拆卸动力电池两侧固定螺栓; 移除动力电池。
3	装车检查	EP41 接动力电池线束连接器 1 2 FE0204-013ZZ	记录动力电池铭牌信息; 佩戴绝缘手套、护目镜; 测量动力电池绝缘电阻; 清洁和检查动力电池。

续表

序号	作业项目		考核主要内容
4	安装动力电池		安装动力电池定位销； 举升动力电池； 安装动力电池两侧固定螺栓； 安装动力电池前部固定螺栓； 安装动力电池后部固定螺栓； 安装动力电池搭铁线； 安装与水泵的连接水管； 安装与热交换器的连接水管； 安装动力电池低压连接器； 佩戴绝缘手套、护目镜； 安装动力电池高压连接器； 移除动力电池升降平台； 加注冷却液。
5	性能检验		系统上电前安全检查； 安装辅助蓄电池负极； 查询故障信息； 升起驾驶员侧车窗玻璃； 拆卸翼子板布、格栅布； 拆卸车内四件套； 移除高压警示标识； 恢复场地。

二、考评标准

（一）职业素养和操作规范

1. 高压系统断电

考评项目	评分要点
记录车辆信息	□ 未有效记录车辆信息；□ 填写与实际信息不符
安装翼子板布、格栅布	□ 未安装或安装不齐全；□ 操作中自行脱落
安装车内四件套	□ 未安装或安装不齐全；□ 安装时损坏四件套
落下驾驶员侧车窗玻璃	□ 未落下驾驶员侧车窗；□ 车窗未落到底
连接故障诊断仪	□ 未关闭点火开关连接诊断仪；□ 连接错误
记录故障信息	□ 未记录故障信息；□ 填写与实际信息不符
放置高压警示标识	□ 未放置高压警示标识；□ 放置位置不明显
关闭启动开关	□ 未关闭启动开关；□ 未妥善保管智能钥匙
断开辅助蓄电池负极	□ 断开蓄电池负极；□ 断开后未做安全防护
拧下电池膨胀壶加水盖	□ 未拧下膨胀壶加水盖；□ 零件损伤或放置凌乱

2. 动力电池拆卸

考评项目	评分要点
举升车辆	□ 车辆支撑位置错误；□ 举升机未锁止
支撑动力电池	□ 台面支撑位置错误；□ 台面与动力电池接触不合理
佩戴绝缘手套、护目镜	□ 未检查绝缘手套、护目镜；□ 未有效佩戴
拆卸动力电池高压连接器	□ 未到 1 分钟等待时间而操作；□ 拆卸后未做安全防护
测量动力电池高压回路	□ 测量方法、仪器使用错误；□ 未佩戴高压防护用品
拆卸动力电池低压连接器	□ 未拆卸或拆卸方法错误；□ 损坏连接部件
断开与热交换器的连接水管	□ 未断开与热交换器连接水管；□ 冷却液撒漏地面
断开与水泵的连接水管	□ 未断开与水泵连接水管；□ 冷却液撒漏地面
拆卸动力电池搭铁线	□ 未拆卸或工具零件落地；□ 工具零件放置凌乱
拆卸动力电池后部固定螺栓	□ 未拆卸或工具零件落地；□ 工具零件放置凌乱
拆卸动力电池前部固定螺栓	□ 未拆卸或工具零件落地；□ 工具零件放置凌乱
拆卸动力电池两侧固定螺栓	□ 未拆卸或工具零件落地；□ 工具零件放置凌乱
移除动力电池	□ 下降过快导致电池损伤；□ 未将动力电池移至车外

3. 装车检查

考评项目	评分要点
记录动力电池铭牌信息	□ 未有效记录铭牌信息；□ 填写与实际信息不符
佩戴绝缘手套、护目镜	□ 未检查绝缘手套、护目镜；□ 未有效佩戴
测量动力电池绝缘电阻	□ 测量方法、仪器使用错误；□ 未佩戴高压防护用品
清洁和检查动力电池	□ 未清洁动力电池外观；□ 未检查动力电池外观

4. 安装动力电池

考评项目	评分要点
安装动力电池定位销	□ 未安装定位销；□ 定位销分布不合理
举升动力电池	□ 上升过快导致电池损伤；□ 造成其他部件损伤
安装动力电池两侧固定螺栓	□ 未安装或工具零件落地；□ 力矩与标准不符
安装动力电池前部固定螺栓	□ 未安装或工具零件落地；□ 力矩与标准不符
安装动力电池后部固定螺栓	□ 未安装或工具零件落地；□ 力矩与标准不符
安装动力电池搭铁线	□ 未安装或工具零件落地；□ 安装不到位
安装与水泵的连接水管	□ 未安装与水泵连接水管；□ 冷却液撒漏地面
安装与热交换器的连接水管	□ 未安装与热交换器连接水管；□ 冷却液撒漏地面
安装动力电池低压连接器	□ 未安装或方法错误；□ 卡扣未锁止

考评项目	评分要点
佩戴绝缘手套、护目镜	□ 未检查绝缘手套、护目镜；□ 未有效佩戴
安装动力电池高压连接器	□ 未安装或方法错误；□ 卡扣未锁止
移除动力电池升降平台	□ 未检查电池安装情况直接下降；□ 设备未复原
加注冷却液	□ 加注或液位不符合标准；□ 冷却液撒漏地面

5. 性能检验

考评项目	评分要点
系统上电前安全检查	□ 未检查电池连接状态；□ 未检查其他高压连接
安装辅助蓄电池负极	□ 未安装蓄电池负极；□ 安装或紧固不到位
查询故障信息	□ 未记录故障信息；□ 记录与实际信息不符
升起驾驶员侧车窗玻璃	□ 未关闭驾驶员侧车窗；□ 未关闭启动开关
拆卸翼子板布、格栅布	□ 未拆卸翼子板布、格栅布；□ 放置凌乱
拆卸车内四件套	□ 未拆卸车内四件套；□ 未清洁车辆外观
移除高压警示标识	□ 未移除高压警示标识；□ 警示标识放置凌乱
恢复场地	□ 未恢复工具设备；□ 未清洁工作现场

（二）作业过程记录

1. 填写车辆信息

作业过程记录（请在以下答题区域填写）	
填写车辆信息	车辆识别码： 品　牌：

2. 高压系统断电

作业过程记录（请在以下答题区域填写或勾选）		
查看仪表信息 （启动后）	指示灯名称	状态显示
	READY 指示灯	□ 点亮　□ 不亮　□ 点亮后熄灭
	系统故障指示灯	□ 点亮　□ 不亮　□ 点亮后熄灭
记录故障信息 （电源管理系统）	故障代码查询（清除故障代码后再次读取）： □ 无 DTC　　　□ 有 DTC	
	故障代码信息（清除故障代码后再次读取）： 代码：　　说明： 代码：　　说明：	

续表

作业过程记录(请在以下答题区域填写或勾选)	
高压系统断电	作业流程: 步骤 1: 步骤 2: 步骤 3: 步骤 4: 步骤 5: 步骤 N:

3. 动力电池拆卸

作业过程记录(请在以下答题区域填写或勾选)			
测量高压回路	动力电池包正极与负极之间	标准值:	V
		实测值:	V

4. 装车检查

作业过程记录(请在以下答题区域绘制或填写)			
记录铭牌信息 (动力电池)	(动力电池)标称电压	V	
	(动力电池)电池容量	A·h	
检测绝缘电阻	动力电池包正极与壳体之间	实测值:	
		标准值:	MΩ
	动力电池包负极与壳体之间	实测值:	
		标准值:	MΩ
外观检查	动力电池高压连接器	□ 正常　□ 异常	
	动力电池低压连接器	□ 正常　□ 异常	
	动力电池箱体	□ 正常　□ 异常	

5. 安装动力电池

作业过程记录(请在以下答题区域填写或勾选)		
扭紧力矩	动力电池两侧固定螺栓	N·m
	动力电池前部固定螺栓	N·m
	动力电池后部固定螺栓	N·m
连接状态	动力电池低压连接器	□ 已锁止　□ 未锁止
	动力电池高压连接器	□ 已锁止　□ 未锁止

6. 性能检测

作业过程记录（请在以下答题区域填写或勾选）		
查看仪表信息（启动后）	指示灯称	状态显示
	READY 指示灯	□ 点亮　□ 不亮　□ 点亮后熄灭
	系统故障指示灯	□ 点亮　□ 不亮　□ 点亮后熄灭
记录故障信息（电源管理）	故障代码查询（清除故障代码后再次读取）： □ 无 DTC　□ 有 DTC	
	故障代码信息（清除故障代码后再次读取）： 代码：　说明： 代码：　说明：	

课后练习

一、选择题

1. 高压元件不包括以下哪个元件？（　　　）

A. 霍尔元件 　　　　　　　　　　　B. 动力动力电池

C. 高压配电箱 　　　　　　　　　　D. 驱动电机控制器总成

2. 以下不属于个人安全防护用品的是（　　　）。

A. 绝缘鞋 　　　B. 绝缘手套 　　　C. 防护眼镜 　　　D. 护腿板

3. 从防护角度来看，以下不属于充电桩必须要具备的保护是（　　　）。

A. 过欠压保护 　　B. 电磁辐射保护 　　C. 防雷保护 　　D. 漏电保护

4. 安全带是（　　　）。

A. 主动安全 　　　B. 被动安全 　　　C. 综合安全 　　　D. 法规安全

5. 下列属于辅助绝缘安全用具的是（　　　）。

A. 高压验电器 　　B. 绝缘夹钳 　　C. 绝缘杆 　　　D. 绝缘台

6. 当纯电动汽车发生火灾，最有效的灭火方式是采用（　　　）来进行灭火。

A. 大量水 　　　B. 大量沙 　　　C. 干冰灭火器 　　　D. 干粉灭火器

7. 故障车维修时，绝对不可以破坏或拆除（　　　），否则可能会导致严重的电烧伤、休克或触电。

A. 整车控制器 　　　　　　　　　　B. 驱动电机皮带

C. 高压电池检修开关 　　　　　　　D. 高压电池盖

8. （　　　）不属于电动汽车常见危险。

A. 碰触高压电 　　B. 高温蒸汽烫伤 　　C. 辐射 　　　D. 火灾

二、判断题

1. 绝缘设备及安全防护设备每次使用前都需检测有无破损、金属穿刺等受损情况。

（　　　）

2. 新能源汽车维修技师可以不具备国家认可的《特种作业操作证（电工）》。　　　（　　）

3. 比亚迪新能源车型中，整车红色线束均为高压线。　　　（　　）

4. E5 车型低压铁电池有智能充电模式，电池休眠和唤醒功能。　　　（　　）

5. E5 车型的安全防护设备：绝缘手套、绝缘脚垫、绝缘胶鞋耐压等级要求大于 1 000 V。
　　　（　　）

6. E5 车型，VTOG 集成在高压电控总成内部，主要控制高压交、直流电双向逆变，驱动电机运转，实现充、放电功能。　　　（　　）

7. E5 车型上电到 OK 挡，且当前挡位处于 N 挡，此时不需要踩刹车踏板即可以挂上 D 挡/R 挡，所以在维修操作中一定要注意，否则可能造成不必要的损失。　　　（　　）

8. 车辆报漏电故障时，若可以继续行驶，可不用必须到店检修。　　　（　　）

9. 高压配电箱既是一个高压零部件，同时还是高压系统的一个控制单元。　　　（　　）

10. E5 车型的电池管理器本身不是高压零部件，属于高压系统的一个控制单元。
　　　（　　）

11. 北方冬季早上凉车时回馈功率小甚至没有回馈，主要是由于电池温度低导致限制回馈。　　　（　　）

12. 车辆发生碰撞事故时，气囊 ECU 发出碰撞信号给 BMS，控制整车高压断电。
　　　（　　）

新能源汽车故障诊断技术基础

项目说明

　　新能源汽车作为一种更符合现代社会环保理念的交通工具,逐渐得到人们的认可和普及。由于新能源汽车在使用过程中受到各种类型因素影响,难免出现一些故障问题,一旦故障发生,则严重影响新能源汽车的可靠性,不便于新能源汽车的服务。需要配合维护与故障诊断技术,实现对故障的处置,从而提高新能源汽车的安全性。因此,开展对新能源汽车的维修与故障诊断技术的分析可以提高新能源汽车的可靠性。

项目目标

　　1. 能够描述新能源汽车故障诊断的基本策略

　　2. 能够描述新能源汽车常见警告灯与诊断流程,能够描述新能源汽车故障现象

　　3. 学会分析和建立基本故障诊断思路

　　4. 能自主学习并且将获得新知识新技能运用到新的实践中,能严格执行新能源汽车安全规定并具有能源和环境意识

教学内容

　　在维修新能源汽车常见故障时,能够借助新能源诊断设备,通过数据流进行分析,找到故障可能产生原因,有目的地按专业要求和维修手册技术规范,严格执行新能源汽车维护与故障诊断作业规范,合理使用工具仪器完成新能源汽车维护工作内容。能够撰写故障分析报告并对工作结果有效评估,培养学生综合职业能力。因此要独立完成作业内容不仅要掌握新能源汽车维护与故障诊断流程,还要掌握如何结合诊断仪来对汽车故障进行分析和确诊。本项目通过三个任务学习内容,完成新能源汽车诊断仪使用与诊断数据分析。

任务一　新能源汽车基本故障诊断策略

一、新能源汽车基本故障诊断策略

面对混合动力汽车或纯电动汽车发生故障时,"基本故障诊断策略"的流程可以提供一个基础的诊断思路,并适用于所有车辆的诊断。针对每种诊断情况遵循一种类似的方案,可最大限度地提高车辆的诊断和修理效率。"基本故障诊断策略"是具体故障诊断思路的一个基本原则,但在实际维修诊断过程中,不一定需要严格遵循这样的诊断思路,因为具体维修诊断中,有些步骤凭借个人的经验和之前的维修经历,可以直接给出正确的答案,没有必要再浪费时间重复步骤去验证。但是,针对很多初学的技术人员来说,该诊断策略可以帮助其建立一个正确的诊断思路,为以后进一步提升诊断能力打下基础。

第一步,理解并确认客户报修问题。诊断策略的第一步是尽可能多地了解客户情况。例如,这个故障显现是何时出现的? 何处出现该状况? 该状况持续了多长时间? 该状况多久发生一次? 为了确认客户报修问题,必须首先熟悉系统的正常工作情况。

第二步,确认车辆行驶状况。车辆正常运行时,存在该情况,那么客户描述的故障情况可能属于正常情况。在与客户描述情况相同的条件下,与操作正常的类似车辆进行比较,如果其他车辆存在类似情况,那么这可能是车辆的设计原因。

第三步,预检并进行全面的目视检查,包括:

(1) 对车辆进行外观全面检查。

(2) 检测是否有异常的响声或异味。

(3) 采集故障码(DTC)信息,以便进行有效的修理。

第四步,执行系统化的车辆诊断与检查。通过预检获取的信息,针对故障区域进行系统化的诊断和确认,确认系统工作是否正常,并确定执行何种诊断类别。

第五步,查询或检索相关的案例信息。查阅已有案例信息,确定是否之前已有这样的故障维修案例,这样可以最大程度缩短后期维修和诊断的时间。

第六步,诊断类别。

(1) 针对当前故障码:按照指定的故障码诊断以进行有效的诊断和维修。

(2) 针对无故障码:选择合适的症状诊断程序,按照症状诊断思路和步骤诊断、维修。

(3) 针对未公布的诊断程序:分析问题,制订诊断方案。从维修手册中查看故障系统的电源、搭铁、输入和输出电路,确定接头和其他多条电路相连接的部位。查看部件的位置,确认部件、连接器或线束是否暴露在极端温度或湿度环境,以及是否会接触到其他具有腐蚀性的蓄电池酸液、机油或其他油液。

(4) 针对间歇性/历史故障码:间歇性故障是一种不连续出现、很难重现,且只在条件符合时发生的故障。一般情况下,间歇性故障是由电气连接器和线束故障、部件故障、电磁/无线电频率干扰、行驶状况导致的。以下方法或工具有利于定位和修理间歇性故障或历史故障码:

① 结合专业知识和可用的维修信息。

② 判断客户描述的症状和状况。

③ 使用带数据捕获(数据流读取)功能的故障诊断仪、数字式万用表。

第七步,找到故障根本原因,再修理并检验修复情况。找到故障根本原因后,进行修理并检验是否正确操作。确认故障诊断码或症状已消除。

第八步,重新检查客户报修问题。如果未能找到问题所在,必要时重新检查,重新确认客户报修问题。

二、新能源汽车主要指示灯/警告灯

当纯电动汽车或插电式混合动力汽车出现故障时,通常在仪表上会显示出相应的故障灯来提醒驾驶人,并根据车辆的实际运行情况以及结合故障类型,启动相应的故障模式。

(一)指示/警告灯的使用思路

当新能源汽车出现警告灯点亮的情况后,可以遵循以下原则执行相应的检查,包括一看、二查和三清。

一看:看仪表上显示的故障灯,定位故障原因。

二查:查故障码和系统状态,找到故障原因。

三清:清除故障,问题解决以后,通过诊断仪重新清除故障码,从而消除仪表上的警告灯。

此外,针对仪表中出现多个故障警告灯后,通常可以参考故障的优先级顺序进行诊断。

注意:

(1)针对上电以后整车无故障,但是不能进入起动模式的情况,需要先确认挡位是否在空挡,如不在空挡请退回空挡以后再尝试起动。

(2)针对整车无故障,动力性能减弱的情况,需要注意电量低提示灯是否点亮,如果点亮请及时充电。

(3)针对电池充满电以后,电池不能连接,电池切断指示灯亮,需要查看外接充电线是否拔掉,外接充电线连接时整车不能行驶。

(二)常见故障警告灯的原因及诊断方法

1. 钥匙打到 ON 挡后,仪表所有灯不亮,或闪烁,或比较暗

(1)可能原因

① 仪表灯不亮:12 V 电池的端子被拔掉或者蓄电池严重亏电。

② 仪表灯闪烁或者比较暗:蓄电池亏电。

(2)诊断方法

① 请检查发动机舱 12 V 电池的端子是否被拔掉,若被拔掉,请连接后再试。

② 若蓄电池连接仪表灯不亮,说明 12 V 蓄电池严重亏电,需更换电池。

③ 仪表灯闪烁或变暗,说明 12 V 蓄电池亏电,需要及时对 12 V 电池充电或者更换。

不更换电池的方法:在高压电池电量良好并且充电线断开的情况下,可以通过搭铁线将蓄电池与有电的 12 V 蓄电池连接,钥匙拧至 Ⅱ 位置使高压继电器吸合,DC/DC 转换器开始工作以后即可断开搭铁线连接,在操作过程中请注意安全,正负极不要反接或短接。

注意:有些车辆需要起动以后,DC/DC转换器才会对12 V蓄电池进行充电。

判断DC/DC转换器工作的方法:仪表LED指示电池电流为负值;通过电压表测试蓄电池两端的电压大于13 V。

2. 12 V蓄电池故障灯常亮

(1) 可能原因

下述四个方面的原因会导致12 V蓄电池亏电:

① 由于存放时间过长或者过量使用蓄电池导致12 V蓄电池电压较低。

② DC/DC转换器故障,不能给12 V蓄电池充电。

③ DC/DC转换器熔断丝熔断,12 V蓄电池上方的熔断丝熔断。

④ 连接DC/DC转换器至12 V蓄电池端的线束问题。

(2) 诊断方法

首先尝试通过钥匙重复上电、断电操作能否清除故障灯,如不能请参照下述操作:

① 更换蓄电池或者给蓄电池补充电。

② 若为DC/DC转换器原因不能给12 V蓄电池充电,需要对故障进行进一步排查。

3. 动力电池故障灯常亮,整车不能起动

(1) 可能原因

下述两个方面的问题会报出动力电池报警故障:

① 高压电池系统(BMS)故障。

② 高压动力电池本体单体存在故障。

(2) 诊断方法

首先尝试钥匙重复上电、断电操作能否清除故障灯,如不能清除故障灯,请执行下述操作:

① 维修人员通过诊断仪读取故障码,根据具体故障码参照整车维修手册进行维修。

② 检测高压部件请专业人员进行,禁止私自操作,必须注意高压安全事项,按照手册中要求进行维修。

4. 系统故障灯常亮或者闪烁,整车不能起动

(1) 可能原因

下述十个方面的问题会报出系统报警故障:

① 整车控制器(VCU)严重故障。

② 整车CAN通信存在短路/断路故障。

③ 制动真空压力传感器异常。

④ 高压系统(电池/电机/压缩机/整车控制器)互锁系统故障。

⑤ 冷却风扇驱动故障。

⑥ 逆变器驱动/继电器驱动故障。

⑦ 加速踏板故障。

⑧ 压缩机或PTC驱动故障。

⑨ 电机转矩监控故障。

⑩ 低压主继电器驱动故障。

（2）诊断方法

首先尝试钥匙重复上电、断电操作能否清除故障灯，如不能清除故障灯，请执行下述操作：维修人员通过诊断仪读取故障码，根据具体故障参照整车维修手册进行维修。

5.系统故障灯和动力电池故障灯不亮，电池断开指示灯亮

（1）可能原因

下述四个方面的问题会使高压回路不能建立，整车不可以行驶：

① 高压继电器盒内熔断丝烧断。

② 高压继电器(正极\负极\预充电)控制线束有问题。

③ 继电器本身损坏。

④ 预充电阻失效。

（2）诊断方法

① 此问题涉及高压检查和维修，非专业人员，禁止操作。

② 专业人员在检查时，严格遵守操作要求，注意安全。

6.电驱动系统报警灯常亮

（1）可能原因

下述两个方面故障可能导致电池断开，导致驱动系统失效：

① 电机系统故障。

② 电机控制器故障。

（2）诊断方法

出现故障灯和电池断开时，先查故障，再查电池断开指示灯。

首先尝试钥匙重复上电、断电操作能否清除故障灯，如不能清除故障灯，请执行下述操作：维修人员通过诊断仪读取故障码，根据具体故障参照维修手册进行维修。

三、新能源汽车故障诊断基本方法

（一）诊断前注意事项

必须查询并依照新能源汽车的维修手册，依规依序操作：

（1）新能源汽车高压电气系统，包含动力电池、逆变电路、驱动电机系统、电子控制系统和线束等，为了保证安全，所有的高压电线均已采取密封或隔离措施，高压电线束采用洁净的橙色加以区分，维修手册上清楚标注出所有橙色线为高压电线(200—500 V)。

（2）维护时注意"READY"指示灯，"READY"指示灯点亮发动机可能运转中，以此判断车辆此时是处于工作还是停机状态(注意"READY"指示灯熄灭后电源仍会持续 5 min 供电)。在对车辆维修工作之前，都要确保"READY"指示灯是熄灭的，故应关闭点火开关，并把车钥匙取下来。

（3）在维护检修时按规定着装，禁止佩戴首饰、手表、戒指、项链、钥匙等。维护检修准备吸水毛巾或布、灭火器、绝缘胶布、万用表，必须选用适用于电工作业的绝缘的、耐碱性的橡胶手套及防碱性类型的鞋子和护目镜，防止电解液溢出等造成的意外伤害。

（二）诊断前操作准备

对新能源汽车进行诊断、维修、处理损坏车辆、进行事故恢复或急救工作时，必须首先禁

用高电压系统,具体方法如下:

（1）挡位开关置于 P 挡位置,驻车制动,拔下钥匙。

（2）断开辅助电池负极端子。

（3）戴上绝缘手套,拆下手动维修开关,将手动维修开关用绝缘胶布贴封起来,隔离外露区域与高压系统的接线端或连接器。

（4）断开手动维修开关后,在开始检查前等待 5 min,使用万用表检测需要维修的高电压系统输入与输出线路的每一个相位电压,读数必须小于规定值(一般小于 3 V)。

（三）诊断与维修基本步骤

第一步,初步判断故障前行驶状况、故障时车辆状况及对相关信息进行分析。

新能源汽车在故障状态下均会进入失效保护模式,虽然不同的汽车制造厂商设计的失效保护模式不一定相同,但是主要的动力驱动系统模式却很相似。

第二步,采用车辆故障诊断仪诊断汽车故障时,检查并记录系统中所有的故障码,确认高电压系统存在的故障码,并将故障信息码优先排序。

第三步,检查并记录每一个系统,检查历史记录数据。历史记录数据可以被用作故障再现试验,因为它知道在故障被检测到时行驶和操作的状态。

第四步,在分析故障码时,需要区分与故障不关联的故障码。例如,在普锐斯车型中,不关联的故障有:

（1）在日光照射不了的条件下,代码 B1424(日光传感器回路异常)有时会输出。

（2）高电压系统有故障时再生制动器不起作用,电子制动系统 ECU 从 HV ECU 接受故障信号并输出故障码 C1259(HV 系统再生故障)、C1310(HV 系统故障)。

（3）电动助力系统 ECU 从 HV ECU 接受故障信号并输出故障码 C1546(HV 系统故障)。

（4）当 12 V 蓄电池端子断开,电子悬架系统输出(转向中间位置自动校正不完全故障)故障码 B2421。

（5）维修人员按照故障码优先顺序检查 P0A60 - 501(相位 V 电流传感器故障),在故障恢复后清除故障码,并检查故障是否能够重现,以确定故障可靠排除。

第五步,主动测试功能应用。主动测试主要用于对新能源汽车辆进行故障检查,并使车辆保持特定的运行状态。例如,在丰田普锐斯车型中主动测试的项目有:

（1）诊断模式 1:将挡位开关置于 P 挡,连续运行发动机并取消牵引力的控制,用于检查发动机点火正时、HC/CO 的排放情况,检查发动机运转情况,转速表工作情况。

（2）诊断模式 2:取消牵引力控制,用于检查发动机点火正时、HC/CO 的排放情况,检查发动机运转情况,转速表工作情况。

（3）变频器驱动强制停止:持续切断 HV ECU 内部的功率三极管,用于确认是否在变频器或 HV ECU 内部有漏电。

基本的检查程序是:

① 诊断仪驱动 HV ECU 输出一个长期关闭的指令,如图 3 - 1 所示。

② 系统检查变频器 U、V、W 信号,每一个端子的电压应该是 12—16 V,如图 3 - 2 所示。

③ 系统执行变频器电压检查,变频器一侧的电压应该是 14—16 V,如图 3 - 3 所示。

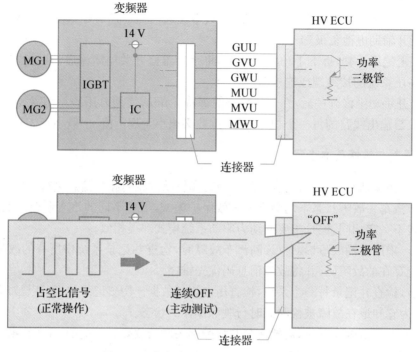

图 3-1　整车控制器与变频器连接电路图

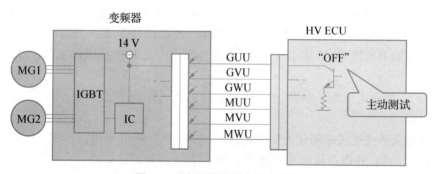

图 3-2　变频器控制电机电路图

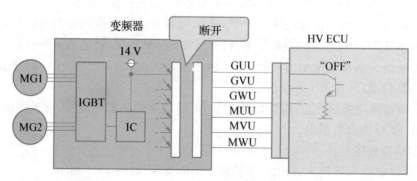

图 3-3　变频器检测诊断

以上任何一步检查失效,均可以判断对应步骤中的零部件发生高电压。

（四）诊断与修理后检验

进行修理后,部分故障诊断码需要点火开关先置于 OFF 挡,再置于 ON 挡后,才可使用故障诊断仪清除故障码。

第一步:将点火开关置于 OFF 挡。

第二步:安装所有诊断时拆下或更换的部件或连接器。

第三步:在拆下或更换部件或模块时,可能还需重新进行程序的设定。

第四步:将点火开关置于 ON 挡。

第五步:清除故障码。

第六步:将点火开关置于 OFF 挡持续 60 s。

第七步:如果修理与故障码有关,则再现运行故障码的条件并使用"冻结故障状态"功能,以便确认不再设置故障码。

任务二　诊断仪的使用与诊断数据分析

MS－D60 电脑检测仪采用最新设计,系统更稳定、运行速度更快、数据更精确,全新彩色触摸屏,操作简便,是目前车辆检测设备中最优秀的专用型故障诊断仪之一。

一、仪器使用安全注意事项

（1）在进行测试操作前应先将车辆置于空挡位置,并使用驻车制动,避免启动时发生碰撞事故。

（2）电瓶液中含硫酸,在实测工作时请避免直接接触电瓶液,防止腐蚀监测仪显示屏及线束。

（3）进行动态测试时,应将车辆停放在通风良好的场所。

（4）在测试操作场合中请不要吸烟或携带任何火源,避免引起火灾。

（5）进行验车工作时,应将车钥匙置于 OFF 挡并注意对线路及电子元件的保护。

二、检测车辆电路元件注意事项

（1）车钥匙置于 ON 挡时,不能任意插拔传感器或其他电子装置,因为断开电路时由于线圈的自感作用,将会产生很高的瞬时高压,这种高压会造成传感器及 VCU 的损坏。

（2）当在车辆上靠近 VCU 或传感器的地方作业时,应加倍注意,以免损坏 VCU 和传感器。

（3）不能将带有强磁的磁源放置在靠近 VCU 或传感器位置,这会严重影响电控系统的工作状况。

（4）在进行车辆电脑或对电脑控制的数字仪表维修,拆卸的过程中,应在手腕处与车身搭铁。避免身体与车体摩擦产生的高压静电损坏电脑元器件。

（5）维修人员不应在没有提示的情况下随意用连线跨接 VCU 接脚,或用 LED 灯直接测试电脑控制系统电路。

（6）在测试程序中没有明确说明的情况下,不应用指针式或低阻抗万用表对电控系统电路进行测试,避免损坏电器元件。

（7）应在维修工作中注意被更换的电器型号,并需测量新元件的相应电阻值,确保维修准确无误并能保持电路正常。

（8）认真检查电控系统线路及接线头,保证无不良搭铁或腐蚀的地方而导致元件工作不良。

（9）确保 VCU 接脚连线接插可靠,否则由于虚接会损坏电脑元件。

三、仪器使用操作注意事项

（1）首先应注意仪器的保管,不要摔碰,避免潮湿,因为本仪器是精密电子集成系统。

（2）测试前,将检测仪器与被检车辆正确连接,然后将车钥匙置于 ON 挡,进行正常的测试工作。

（3）在进行动态测试时,在车辆运行时,主机显示屏可能出现闪烁现象是正常的。

（4）在检测中,电脑诊断出现"错误"提示时,说明自诊线路连接不良,车辆电脑不能与主机实现通信。需检查各连接线接口连接是否良好,在特殊情况下要检查线路。

四、故障码检查流程

（一）诊断界面介绍

开机按电源按钮开机,点击"电控专家"图标进入(目前 BMEV 电动汽车诊断程序在本菜单中),如图 3-4 所示为专用诊断仪开机页面。

（1）图标菜单:每个车系的测试程序入口,点击进入选择相应的测试系统,如图 3-5 所示。

图 3-4　诊断仪开机页面

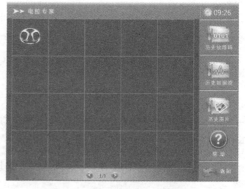

图 3-5　专用诊断仪诊断菜单

（2）通过点击和滚动来实现翻页。

（3）查看历史测试故障码。

（4）查看历史测试数据流。

（5）查看历史图片。

（6）可以通过查阅"帮助"来操作该仪器。

（7）返回到上一步操作，如图3-6所示。

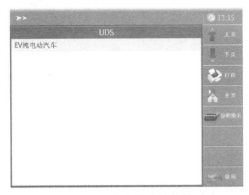

图3-6　诊断仪功能按键

（二）北京汽车新能源汽车纯电动汽车诊断

第一步，点击进入纯电动汽车专用诊断系统，如图3-7所示。

第二步，点击"读取故障码"，获取车辆故障的详细信息和维修指导信息（详细的故障描述等内容参考故障诊断仪的显示或者参考下面的文档内容），如图3-8所示。

注意：故障诊断仪显示的故障都是最新的故障，即假如故障重复发生，新故障冻结帧将覆盖旧的冻结帧。

图3-7　纯电动汽车专用诊断系统

图3-8　诊断仪读取故障码

第三步，为了分析故障发生时车辆所处的状态，请选择读取冻结帧数据，选择相应故障码，进入即可获取整车控制器记录的故障冻结帧信息。目前整车控制器存储记录了16个变量，包括车速、铅酸电池电压、扭矩、电机转速、高压电压、锂电池电流、挡位状态、加速踏板开度、制动状态、电机本体温度、电机控制器温度、SOC、车辆工况、电池状态、电机状态等关键信息。冻结帧代表的意义是：当车辆确认有故障的瞬间，由整车控制器存储车辆在"这个瞬间"的状态信息，比如车辆发生故障时车辆的车速是多少？高压多少？挡位状态？驾驶员踩的加速踏板开度？制动状态……这些信息有助于分析故障时的状态和故障原因，为电动汽车的检修提供重要依据，如图3-9、图3-10所示。

图 3-9　诊断仪读取冻结数据

图 3-10　数据流

第四步,假如车辆的故障信息已经清除,并且专业纯电动汽车维修人员已经修理好了车辆,确认了车辆的状态,那么点击"清除故障码",清除已经储存在 VCU 中的故障信息,如图 3-11 所示。

第五步,点击"取消",表示不重新读取故障码;点击"确定",表示重新读取车辆故障信息,确定车辆在维修后是否仍然存在故障。

第六步,如果维修人员想获知车辆的某些状态信息,那么点击"读取数据流",获取车辆的特定状态信息,如图 3-12 所示。

图 3-11　清除故障码

图 3-12　再次读取数据流

第七步,选择所需获知的状态信息的名称,并点击窗口右侧的"确定"按钮,进入读取数据流信息的界面,开始读取信息,如图 3-13—图 3-16 所示。

图 3-13　选择数据流信息

图 3-14　数据流主要参数

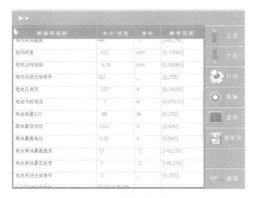

图 3-15　数据流分析(1)

图 3-16　数据流分析(2)

第八步,分析数据。读数据流功能,可以帮助分析以下零部件:

(1) 12 V 低压铅酸电池电压,可以分析电池是否亏电、是否 DC/DC 正在充电等。

(2) 加速踏板开度,可以分析当前加速踏板的开度。

(3) 电机系统状态:电机初始化、预充电状态、电机扭矩、电机本体温度、电机控制器温度、电机转速、电机生命信号等。

(4) 电池系统状态:电池总电压、电池当前放电电流、电池电量(SOC)、单体电池最低电压、单体电池最高电压、单体电池最高温度、单体电池最低温度、电池系统生命信号、电池继电器闭合与断开状态等。

(5) 整车信息:挡位状态、加速踏板电压值、低速和高速冷却风扇开启与闭合。

五、故障码分析与处理

缩写释义:

MCU——电机控制系统

VCU——整车(集成)控制器

BMS——电池管理系统

IGBT——功率器件

PWM——脉宽调制

MIL——系统故障灯

DTC——故障诊断码

(一) MCU IGBT 驱动电路过流故障

1. 故障名称:MCU IGBT 驱动电路过流故障(U/V/W)

2. 故障码:P116016/P116116/P116216

3. 系统自身处理方式

(1) MCU 故障处理方式:MCU 关闭 PWM 输出,并发送关闭使能请求标志位。

(2) VCU 故障处理方式:

① VCU 关闭使能信号。

② 仪表点亮电机系统专用报警灯。

③ 仪表点亮 MIL 灯,报警音短鸣。

4.导致故障的原因

(1)驱动电源欠压。

(2)电机短路引起电流畸变。

(3)转子位置信号异常引起电流畸变。

(4)相电流信号异常引起电流畸变。

(5)软件失控引起电流畸变。

5.故障可能造成的影响

(1)MCU 无法正常工作。

(2)MCU 硬件 IGBT 损坏。

(3)车辆无法行驶。

6.建议售后处理措施

检查 MCU 软、硬件版本,若软、硬件版本正确,则立即更换 MCU。

7.建议的维修措施

(1)检查 MCU 软、硬件版本。

(2)更换 MCU。

(二)MCU 相电流过流故障

1.故障名称:MCU 相电流过流故障

2.故障码:P113519

3.系统自身处理方式

(1)MCU 故障处理方式:当 510 A<相电流值<595 A 时,MCU 控制电机输出转矩由当前值到零。

(2)VCU 故障处理方式:

① 仪表点亮电机系统专用报警灯。

② 仪表点亮 MIL 灯,报警音短鸣。

4.导致故障的原因

(1)电机短路引起电流畸变。

(2)转子位置信号异常引起电流畸变。

(3)相电流信号异常引起电流畸变。

(4)负载突然变化引起电流畸变。

(5)线束短路引起电流畸变。

5.故障可能造成的影响

(1)MCU 无法正常工作。

(2)车辆无法行驶。

6.建议售后处理措施

(1)如果重新上电,车辆恢复正常,则不需要派工。同时将信息反馈给技术中心的电机工程师。

（2）如果重新上电车辆不能恢复正常,可能 MCU 存在硬件故障或软、硬件版本问题,则需要派工。

7. 建议的维修措施

（1）检查 MCU 软、硬件版本。

（2）更换 MCU。

（三）电机超速故障

1. 故障名称:电机超速故障

2. 故障码:P0A4400

3. 系统自身处理方式

（1）MCU 故障处理方式:当电机转速＞电机超速限制值,MCU 进入零转矩控制模式,并向 VCU 发送零转矩模式状态标志位。

（2）VCU 故障处理方式:VCU 发送零转矩指令。

4. 导致故障的原因

（1）整车负载突然降低（如冰面打滑）。

（2）电机转矩控制失效。

5. 故障可能造成的影响

（1）MCU 无法正常工作。

（2）整车失去动力输出。

6. 建议售后处理措施

（1）如果重新上电,车辆恢复正常,则不需要派工。同时将信息反馈给技术中心的电机工程师。

（2）如果重新上电车辆运行再次出现,可能存在 MCU 硬件故障或软、硬件版本问题,则需要派工。

7. 建议的维修措施

（1）检查 MCU 软、硬件版本。

（2）更换 MCU。

（四）MCU 直流母线过压故障

1. 故障名称:MCU 直流母线过压故障

2. 故障码:P114017

3. 系统自身处理方式

（1）MCU 故障处理方式:MCU 关闭 PWM 输出,并发送关闭使能请求标志位。

（2）VCU 故障处理方式

① VCU 关闭使能信号。

② 仪表点亮 MIL 灯,报警音短鸣。

4. 导致故障的原因

（1）电机系统突然大功率充电。

（2）发电状态下高压回路非正常断开。

5. 故障可能造成的影响

（1）MCU 无法正常工作。

（2）MCU 高压直流侧电容损坏。

（3）车辆无法行驶。

6. 建议售后处理措施

（1）若其他节点也上报直流母线过压故障,则优先排查其他子系统和高压供电回路可能存在的问题。

（2）否则将 SD 卡数据反馈给电机工程师进行分析,如果故障期间母线电压确实超过上限阈值,则不需要派工。

（3）如果故障期间母线电压未超过上限阈值,则需要派工。

7. 建议的维修措施

检查高压供电回路。

注意:VCU 在母线电压＞U1(小于过压限制值)时提前停止能量回收。

（五）MCU 直流母线欠压故障

1. 故障名称: MCU 直流母线欠压故障

2. 故障码: P114016

3. 系统自身处理方式

（1）MCU 故障处理方式:MCU 关闭 PWM 输出,并发送关闭使能请求标志位。

（2）VCU 故障处理方式

① VCU 关闭使能信号。

② 仪表点亮 MIL 灯,报警音短鸣。

4. 导致故障的原因

（1）电机系统突然大功率放电。

（2）SOC 低。

（3）电动状态下高压回路非正常断开。

5. 故障可能造成的影响

（1）MCU 最大可用转矩降低。

（2）整车动力性能降低,甚至不能正常行驶。

6. 建议售后处理措施

（1）若其他节点也上报直流母线欠压故障,则优先排查其他子系统和高压供电回路可能存在的问题。

（2）否则将 SD 卡数据反馈给电机工程师进行分析,如果故障期间母线电压确实超过下限阈值,则不需要派工。

（3）如果故障期间母线电压未超过下限阈值,则需要派工。

7. 建议的维修措施

（1）检查 SOC。

（2）检查高压供电回路。

注意：MCU 根据母线电压调整最大可用转矩，母线电压从正常工作电压下限（265 V）下降至欠压限制值（210 V），MCU 最大可用转矩从峰值转矩下降至零。

（六）MCU IGBT 过温故障

1. 故障名称：MCU IGBT 过温故障（U/V/W）

2. 故障码：P117098/P117198/P117298

3. 系统自身处理方式

（1）MCU 故障处理方式：当任意一相 IGBT 温度＞IGBT 温度限制值（90 ℃），MCU 进入零转矩控制模式，同时向 VCU 转矩发送零转矩模式状态标志位。

（2）VCU 故障处理方式

① VCU 发送零转矩指令。

② 仪表点亮电机系统专用报警灯（闪烁）。

③ 仪表点亮 MIL 灯，报警音短鸣。

4. 导致故障的原因

（1）MCU 长期大负载运行。

（2）冷却系统故障。

5. 故障可能造成的影响

（1）MCU 最大可用转矩降低。

（2）整车动力性能降低，甚至不能正常行驶。

6. 建议售后处理措施

（1）如果间隔一段时间重新上电，车辆恢复正常，则不需要派工。同时将信息反馈给技术中心的电机工程师。

（2）如果间隔一段时间重新上电，车辆运行重复出现，则按以下方法处理：

① 首先优先排查风扇、水泵及其驱动电路故障，若异常，则联系冷却系统派工解决。

② 然后优先排查是否缺冷却液，若缺冷却液，则及时补冷却液。

③ 若不缺冷却液，然后排查冷却管路是否存在堵塞和漏水，若冷却管路存在堵塞和漏水，则进行排查解决。

④ 若冷却液和冷却管路均无问题，则需要派工。

7. 建议的维修措施

（1）检查运行工况。

（2）检查冷却水泵、冷却液和冷却管路。

注意：如果处于 state30，在 MCU 上报此故障前，VCU 在指定温度值（80 ℃）至 IGBT 温度限制值（90 ℃）之间限制转矩命令。点亮电机系统专用报警灯（闪烁）。

（七）电机过温故障

1. 故障名称：电机过温故障

2. 故障码：P0A2F98

3. 系统自身处理方式

(1) MCU 故障处理方式:当电机温度＞电机温度限制值(150 ℃),MCU 进入零转矩控制模式,同时向 VCU 发送零转矩模式状态标志位。

(2) VCU 故障处理方式

① VCU 发送零转矩指令。

② 仪表点亮电机系统专用报警灯(闪烁)。

③ 仪表点亮 MIL 灯,报警音短鸣。

4. 导致故障的原因

(1) 电机长期大负载运行。

(2) 冷却系统故障。

5. 故障可能造成的影响

(1) MCU 最大可用转矩降低。

(2) 整车动力性能降低,甚至不能正常行驶

6. 建议售后处理措施

(1) 如果间隔一段时间重新上电,车辆恢复正常,则不需要派工。同时将信息反馈给技术中心的电机工程师。

(2) 如果间隔一段时间重新上电,车辆运行重复出现,则按以下方法处理:

① 首先优先排查风扇、水泵及其驱动电路故障,若异常,则联系冷却系统派工解决。

② 然后优先排查是否缺冷却液,若缺冷却液,则及时补冷却液。

③ 若不缺冷却液,然后排查冷却管路是否存在堵塞和漏水,若冷却管路存在堵塞和漏水,则进行排查解决。

④ 若冷却液和冷却管路均无问题,则需要派工。

7. 建议的维修措施

(1) 检查运行工况。

(2) 检查冷却系统。

注意:如果处于 state30,在 MCU 上报此故障前,VCU 在指定温度值(145 ℃)至电机温度限制值(150 ℃)之间限制转矩命令。点亮电机系统专用报警灯(闪烁)。

(八) MCU 位置信号检测回路故障

1. 故障名称:MCU 位置信号检测回路故障

2. 故障码:P0A3F00

3. 系统自身处理方式

(1) MCU 故障处理方式:MCU 关闭 PWM 输出,并发送关闭使能请求标志。

(2) VCU 故障处理方式

① VCU 关闭使能信号。

② 仪表点亮电机系统专用报警灯。

③ 仪表点亮 MIL 灯,报警音短鸣。

4. 导致故障的原因

(1) 旋变线束损坏。

（2）旋变解码硬件电路损坏。

5. 故障可能造成的影响

（1）MCU 无法正常工作。

（2）整车不能正常高压上电（行车模式、慢充模式、快充模式）。

6. 建议售后处理措施

（1）优先检查外部旋变线束、电机侧低压接插件、MCU 侧低压接插件。

（2）若线束和接插件均正常，则可能存在 MCU 硬件故障，或软件版本问题，需要派工。

7. 建议的维修措施

（1）检查、更换线束或接插件。

（2）更换 MCU。

（九） MCU IGBT 温度检测回路故障

1. 故障名称：MCU IGBT 温度检测回路故障（U/V/W）

2. 故障码：P11801C/P11811C/P11821C

3. 系统自身处理方式

（1）MCU 故障处理方式

① 若一相 IGBT 温度检测回路故障，则：MCU 利用其他相 IGBT 温度检测回路和 MCU 温度检测回路进行 IGBT 温度监控。同时限制驻坡功能：驻坡模式下，由 MCU 自身对电机输出转矩进行限制（50％最大堵转转矩、1 s 堵转时间）。

② 若两相 IGBT 温度检测回路出现故障，则：如果处于 state30，MCU 延时 T（300 ms）后调整最大可用转矩至安全限值（1/3 峰值外特性），并发送降功率请求标志位。同时限制驻坡功能：驻坡模式下，由 MCU 自身对电机输出转矩进行限制（50％最大堵转转矩、1 s 堵转时间）。

③ 若三相 IGBT 温度检测回路均出现故障，则：MCU 发送关闭使能请求标志位；IGBT 温度上报无效值 0xFF。

（2）VCU 故障处理方式

① 若一相 IGBT 温度检测回路故障，则：VCU 不做处理；仪表点亮电机系统专用报警灯。

② 若两相 IGBT 温度检测回路出现故障，则：如果处于 state30，VCU 延时 Tz（8 s＜ Tz＜15 s）后根据最大可用转矩限制转矩命令；仪表点亮电机系统专用报警灯；仪表点亮 MIL 灯，报警音二级。

③ 若三相 IGBT 温度检测回路均出现故障，则：如果处于 state30，VCU 延时 Tz（8 s＜ Tz＜15 s）关闭使能信号；仪表点亮电机系统专用报警灯；仪表点亮 MIL 灯，报警音二级。

4. 导致故障的原因

（1）MCU 内部硬件电路故障或线束损坏。

（2）MCU 软件与硬件版本不匹配。

5. 故障可能造成的影响

（1）MCU 无法检测和上报 IGBT 实际温度。

（2）MCU 无法正常工作，需降功率运行。

（3）车辆无法正常行驶，需降功率行驶。

6. 建议售后处理措施

可能 MCU 存在硬件故障或软、硬件版本问题，需要派工。

7. 建议的维修措施

（1）检查 MCU 软、硬件版本。

（2）更换 MCU。

注意：若无 IGBT 温度传感器，则上报无效值 0xFF；若 MCU 仅上报一个 IGBT 温度，则当一相或两相 IGBT 温度传感器故障时，MCU 上报有效 IGBT 温度的最大值；仅当三相 IGBT 温度传感器均故障时，MCU 上报无效值 0xFF；驻坡模式时，未知相 IGBT 温度值用已知相 IGBT 温度估算，即已知相的最高温度＋裕量 X。

（十）电机温度检测回路故障

1. 故障名称：电机温度检测回路故障

2. 故障码：P0A001C

3. 系统自身处理方式

（1）MCU 故障处理方式

① 如果处于 state30，MCU 延时 T(300 ms)后调整最大可用转矩至安全限值（1/3 峰值外特性），并发送降功率请求标志位。驻坡模式下，由 MCU 自身对电机输出转矩进行限制（50％最大堵转转矩、1 s 堵转时间）。

② 电机温度上报无效值 0xFF。

（2）VCU 故障处理方式

① 如果处于 state30，VCU 延时 Tz(8 s≤Tz＜15 s)后根据最大可用转矩限制转矩命令。

② 仪表点亮电机系统专用报警灯。

③ 仪表点亮 MIL 灯，报警音二级。

4. 导致故障的原因

（1）MCU 内部硬件电路故障或线束损坏。

（2）MCU 软件与硬件版本不匹配。

5. 故障可能造成的影响

（1）MCU 无法检测和上报电机实际温度。

（2）MCU 无法正常工作，需降功率运行。

（3）车辆无法正常行驶，需降功率行驶。

6. 建议售后处理措施

（1）优先检查低压线束、电机侧低压接插件、MCU 侧低压接插件。

（2）若线束和接插件均正常，可能存在 MCU 硬件故障，或软件版本问题，需要派工。

7. 建议的维修措施

（1）检查、更换线束和接插件。

（2）更换 MCU。

（十一）MCU 反馈转矩与转矩命令校验错误故障

1. 故障名称：MCU 反馈转矩与转矩命令校验错误故障
2. 故障码：P113064
3. 系统自身处理方式
（1）MCU 故障处理方式
① 若反馈转矩大于转矩命令，则：MCU 关闭 PWM 输出，并发送关闭使能请求标志位。
② 若反馈转矩小于转矩命令，则：MCU 仅发送故障标志位，不做其他处理。
（2）VCU 故障处理方式
① 若反馈转矩大于转矩命令，则：VCU 关闭使能信号；仪表点亮电机系统专用报警灯；仪表点亮 MIL 灯，报警音短鸣。
② 若反馈转矩小于转矩命令，则：VCU 不处理；仪表点亮电机系统专用报警灯。

4. 导致故障的原因
（1）MCU 动态响应速度慢。
（2）电机转矩标定精度不高。
（3）MCU 软件失控。
（4）电机电磁特性一致性较差。
（5）MCU 软件版本与硬件版本及电机零件号不匹配。

5. 故障可能造成的影响
（1）电机系统无法正确输出目标转矩。
（2）整车无法行驶。

6. 建议售后处理措施
（1）如果重新上电，车辆恢复正常，则不需要派工。同时将信息反馈给技术中心的电机工程师。
（2）如果重新上电车辆运行再次出现，则可能 MCU 存在硬件故障或软、硬件版本问题，需要派工。

7. 建议的维修措施
（1）检查 MCU 软、硬件版本。
（2）更换 MCU。
注意：VCU 不能正常工作时，扭矩指令为 0。

（十二）转矩命令超限故障

1. 故障名称：转矩命令超限故障
2. 故障码：U040186
3. 系统自身处理方式
（1）MCU 故障处理方式：MCU 进入零转矩控制模式，同时向 VCU 发送零转矩模式状态标志位。

（2）VCU 故障处理方式

① VCU 发送零转矩指令。

② 仪表点亮 MIL 灯,报警音短鸣。

4. 导致故障的原因

（1）VCU 发送指令错误。

（2）VCU 软、硬件版本与车型不匹配。

5. 故障可能造成的影响

（1）MCU 无法正常工作。

（2）车辆无法行驶。

6. 建议售后处理措施

（1）如果重新上电,车辆恢复正常,则不需要派工。同时将信息反馈给技术中心的电机工程师。

（2）如果重新上电车辆不能恢复正常,则按以下方法处理:

① 优先排查 VCU 或 VMS 软、硬件版本问题。

② 若 VCU 或 VMS 软、硬件版本正确,则可能 MCU 软、硬件版本不正确,需要派工。

7. 建议的维修措施

（1）检查 VCU 软件版本。

（2）检查 MCU 软件版本。

（3）更换 MCU。

（十三）与 VCU 通信丢失故障

1. 故障名称:与 VCU 通信丢失故障

2. 故障码 U010087

3. 系统自身处理方式

（1）MCU 故障处理方式:MCU 先进入零转矩控制模式,同时向 VCU 发送零转矩模式状态标志位,然后延时 Tz(Tz＝2s)后关闭 PWM 输出,并发送关闭使能请求标志位。

（2）VCU 故障处理方式

① VCU 关闭使能信号。

② 仪表点亮 MIL 灯,报警音短鸣。

4. 导致故障的原因

（1）VCU 发送报文失败。

（2）线束问题。网络信号线(CAN 高、CAN 低)出现断路、网络信号线(CAN 高、CAN 低)之间短路、网络信号线(CAN 高、CAN 低)对地短路。

（3）低压接插件接触不良。

（4）CAN 网络受干扰严重。

5. 故障可能造成的影响

（1）MCU 无法正常工作。

（2）整车无法行驶。

6. 建议售后处理措施

(1) 如果重新上电,车辆恢复正常,则不需要派工。同时将信息反馈给技术中心的电机工程师。

(2) 如果重新上电车辆不能恢复正常,则按以下方法处理:

① 若其他节点也上报与 VCU 通信丢失故障,则优先排查 VCU 问题。

② 否则可能是 MCU 硬件故障,则需要派工。

7. 建议的维修措施

(1) 若 BMS 同时上报 VCU 节点丢失故障,则优先检查 VCU。

(2) 检查 CAN 网络线束。

(3) 更换 MCU。

注意:在接收不到 VCU 报文但又未达到该故障确认条件时,MCU 执行上一次接收到的 VCU 指令。

（十四）MCU 低压电源过压故障

1. 故障名称:MCU 低压电源过压故障

2. 故障码:U300317

3. 系统自身处理方式

(1) MCU 故障处理方式:MCU 关闭 PWM 输出,并发送关闭使能请求标志位。

(2) VCU 故障处理方式:

① VCU 关闭使能信号。

② 仪表点亮 MIL 灯,报警音短鸣。

4. 导致故障的原因

(1) 低压蓄电池过度充电。

(2) MCU 软件与硬件版本不匹配。

5. 故障可能造成的影响

(1) MCU 无法正常工作。

(2) 整车不能正常高压上电(行车模式、慢充模式、快充模式)。

6. 建议售后处理措施

(1) 若其他节点也上报低压供电过压故障,则优先排查蓄电池、DC/DC 及低压供电电路问题。

(2) 否则可能存在线束、硬件故障或软件版本问题,需要派工。

7. 建议的维修措施

(1) 检查低压蓄电池和 DC/DC。

(2) 检查低压供电电路。

(3) 检查 MCU 软、硬件版本。

(4) 更换 MCU。

注意:VCU 运行过程中一直进行低压电源校验,在达到 MCU 低压电源过压阈值之前,则关闭 DC/DC;若关闭 DC/DC 后仍触发 MCU 低压电源过压故障,则关闭使能信号。

（十五）MCU 低压电源欠压故障

1. 故障名称：MCU 低压电源欠压故障

2. 故障码：U300316

3. 系统自身处理方式

（1）MCU 故障处理方式：MCU 关闭 PWM 输出，并发送关闭使能请求标志位。

（2）VCU 故障处理方式

① VCU 关闭使能信号。

② 仪表点亮 MIL 灯，报警音短鸣。

4. 导致故障的原因

（1）低压蓄电池亏电。

（2）低压供电线路故障。

（3）MCU 软件与硬件版本不匹配。

5. 故障可能造成的影响

（1）MCU 无法正常工作。

（2）整车不能正常高压上电（行车模式、慢充模式、快充模式）。

6. 建议售后处理措施

（1）若其他节点也上报低压供电欠压故障，则优先排查蓄电池、DC/DC 及低压供电电路问题。

（2）否则可能存在线束、硬件故障或软件版本问题，需要派工。

7. 建议的维修措施

（1）检查低压蓄电池和 DC/DC。

（2）检查低压供电电路。

（3）检查 MCU 软、硬件版本。

（4）更换 MCU。

注意：VCU 运行过程中一直进行低压电源校验，在达到 MCU 低压电源欠压阈值之前，关闭使能信号。

（十六）MCU 相电流传感器零漂故障

1. 故障名称：MCU 相电流传感器零漂故障（U/V/W）

2. 故障码：P118A28/P118B28/P118C28

3. 系统自身处理方式

（1）MCU 故障处理方式

① 若仅有一相电流传感器零漂故障，则：MCU 利用其他两相电流传感器进行电机控制，但不再进行电机三相电流校验故障检测。正常计算和上报相电流有效值或幅值。

② 若有两相或三相电流传感器零漂故障，则：MCU 关闭 PWM 输出，并发送关闭使能请求标志位；相电流有效值或幅值上报无效值 0xFFFF。

(2) VCU 故障处理方式

① 若仅有一相电流传感器零漂故障,则:仪表点亮电机系统专用报警灯。

② 若有两相或三相电流传感器零漂故障,则:VCU 不使能 MCU;仪表点亮电机系统专用报警灯;仪表点亮 MIL 灯,报警音短鸣。

4.导致故障的原因

(1) MCU 电源模块硬件损坏。

(2) MCU 软件与硬件版本不匹配。

5.故障可能造成的影响

(1) MCU 无法正常工作。

(2) 整车不能正常运行。

6.建议售后处理措施

可能 MCU 存在硬件故障或软、硬件版本问题,需要派工。

7.建议的维修措施

(1) 检查 MCU 软、硬件版本。

(2) 更换 MCU。

(十七) MCU EEPROM 故障

1.故障名称:MCU EEPROM 故障

2.故障码:P062F46

3.系统自身处理方式

(1) MCU 故障处理方式:MCU 正常运行。

(2) VCU 故障处理方式:VCU 不处理;仪表点亮电机系统专用报警灯。

4.导致故障的原因

(1) MCU 内部 EEPROM 芯片损坏或相关硬件电路故障。

(2) MCU 内部 EEPROM 虚焊。

(3) MCU 内部 PCB 抗电磁干扰性能差。

5.故障可能造成的影响

MCU 无法正常读写 EPPROM。

6.建议售后处理措施

(1) 如果重新上电,车辆恢复正常,则不需要派工。同时将信息反馈给技术中心的电机工程师。

(2) 如果重新上电车辆不能恢复正常,则可能是 MCU 存在硬件故障,需要派工。

7.建议的维修措施

更换 MCU。

任务三　新能源汽车年审及保险

一、车辆年审

虽然新能源汽车享受了很多优惠政策,不需要交购置税,不需要摇号,能拿到国家补贴,但是新能源汽车和普通燃油车一样都属于机动车辆。既然是机动车辆那么后期的使用性能都会下降,这时就需要车辆去检测站定期年审从而确定车辆的整体技术状况是否符合上路的要求。目前新能源汽车的年审制度和燃油车年审制度是没有任何区别的,所有的检验指标和方法基本上都是参照传统燃油车来进行制定的,电动汽车由于其特有的三电系统使得比传统汽车更加具备危险性,三电系统如果老化,一般人是很难察觉出来的,这就会引起比较严重的事故,如果不进行年审的话,就有可能存在安全隐患,因此需要年审去发现这些问题并且减少车辆自燃的可能性。所以,新能源汽车其实和燃油车一样都需要进行年审,只不过电动汽车少了发动机,没有了尾气排放,所以在年审的项目上面略有所不同。比如:尾气是不需要进行年审的。当然,新能源汽车当中的混动汽车和燃油车一样是需要进行尾气检验的。除此之外,其他所有的检验项目和方法都和传统燃油车一样,比如灯光系统、刹车系统、反光背心、三角警示牌、灭火器等等,见表3-1。

表3-1　新能源汽车年审政策

	车型范围	注册登记日期	享受免检次数
符合6年内免检政策的情形	非营运大型、小型、微型轿车;非营运小型、微型载客汽车。使用性质不包含:警用、消防、救护、工程救险、营转非、出租转非。	2012年9月1日以后	2次
		2010年9月1日至2012年8月31日	1次
不符合6年内免检政策的情形	1. 车辆在2010年8月31日(含)前注册登记。 2. 属于《机动车类型术语和定义》(GA 802-2014)规定的"面包车"。 3. 行驶证记载的核定载客人数为7人或7人以上。 4. 车辆发生过造成人员伤亡的交通事故。 5. 距车辆出厂日期超过4年才办理注册登记手续。 6. 车辆曾经作为营运车使用。		

对于私家车主来说,6年之内不需要上线检测。6年到10年之内是两年上一次检测线。10年到15年之内每年上一次检测线。过了15年使用期之后为每半年一检。通过年审之后,新能源纯电动汽车车主会获得一个年审标识,贴在车窗上方,证明该车已通过了当年的年审。从2020年4月开始车辆年审实现电子化标签,无须粘贴,如图3-17所示。

2020年11月20日,车辆年审新规正式实施,要点有以下两个:

图3-17　新能源汽车年审标识

（1）6 年以内免检的非运营小微型客车，由以前的 6 座以内放宽到 9 座以内，这意味着广大 SUV 的车主们都能享受福利；

（2）非运营小微型客车车龄超过 6 年不满 10 年的，由以前每年审验一次调整为每两年审验一次。

根据公安部的规定，私家车 10 年内仅需上线检验两次，分别是第 6 年、第 8 年（如第 7 年已按规定检测，第 8 年免检，第 9 年、第 10 年需正常检验），见表 3 - 2。

表 3 - 2　新能源汽车免检政策

车龄	今年是否已年审	第 7 年	第 8 年	第 9 年	第 10 年
7 年	已年审	——	不需年审	需年审	需年审
	还没年审	不需年审	需年审	不需年审	需年审
8 年	已年审		——	不需年审	需年审
	还没年审		需年审	不需年审	需年审
9 年	已年审			——	需年审
	还没年审			不需年审	需年审

（一）年审准备的材料

新能源汽车年审所需要的材料与燃油车型并没有很大的区别，需要将行驶证正、副本，交强险正本或副本，灭火器，停车牌，反光背心，车主身份证正、反面复印件，车船税或者是免税证明带上。在年审之前注意检查车辆有无违章情况。如果涉及违章要及时去处理，否则会影响年审的办理。

（二）尾气指标

燃油车的尾气指标是各位车主比较头痛的问题，上了年头的车辆很容易在尾气指标上出问题。新能源汽车型中的插电混动车型也有发动机，因此在经过 6 年的使用之后也同样会面临尾气的检测。因此尾气指标不单单只是为燃油车做准备，插电混动汽车同样要过这一关。由于新能源汽车在驱动性能上与传统燃油车有着本质上的区别，一个靠电发力，一个靠油发力，在安全性能上也会有所差异。所以，验车时还是区别化对待为好，特别是在新车查验的环节，更要有针对性地检测。

（三）其他指标

纯电动汽车没有尾气指标的压力，但并不代表就可以通过年审。除了尾气之外，年审的项目还有很多，有灯光、刹车等等。只要是上路行驶的车辆就必须通过这些检测。因此纯电动汽车也需要年审。

从新能源汽车的验车流程来看，与传统燃油车基本一致，但也有一些不同之处。例如，在新车查验环节，检测人员会检测车辆是否在新能源汽车的补贴目录范围之内，车辆的发电机是否具有唯一性。此外，在总检审核环节所提交的资料也有所不同，特别是新能源汽车所特有的免购置税单据。

二、新能源汽车新增保险业务

新能源汽车作为未来汽车发展的趋势,已有不少汽车企业宣布停产燃油车计划,新兴新能源汽车品牌层出不穷,无一不在宣告着未来的出行是新能源汽车的天下。数据显示,2013—2017 年,保险业承保的新能源汽车数量年均增长为 78.6%,2017 年保费规模达到了 101.6 亿元,增速为 50.4%,面对增长之势如此惊人的承保规模,事实却是没有一款专门为新能源汽车制订的保险条款,国际上也没有相关的保险条款可以借鉴。主要在于新能源汽车的结构和传统燃油汽车有很大的不同,比如新能源汽车没有发动机,而电池作为核心部件在传统的燃油车条款中并未明确约定,电路故障等也是一个很重要的风险点,这在传统燃油车条款中也没有明确说明。此外,新能源汽车的行驶区域与传统的燃油车也有很大的不同,通常作为城市代步工具,因为续航能力限制,很少有长距离行驶,导致其风险状况和传统燃油车也有很大的不同。并且,随着新能源汽车技术的不断进步,部分持观望态度的消费者也在逐渐打消疑虑,新能源汽车是大势所趋,新能源汽车的专属保险条款当然也就需要提上日程了。

车辆所要缴纳的保险类型主要为交强险和商业险。目前来说,新能源汽车的商业险还是要参照传统燃油汽车的保险条款来投保,如车辆损失险、第三者责任险、不计免赔、盗抢险、自燃险等,只是不需缴纳车船税。

(一)新能源汽车专属保险条款的主要变化

1.电池可单独投保

对电动汽车有过研究的人可能都知道,电池的造价几乎占据了纯电动汽车整车造价的一半,很多人在给新能源汽车上保险时都会问到:能不能单独给电池上个保险呢? 回答是可以的。新能源汽车综合商业保险示范条款征求意见稿分为两个版本,一个是车电一体版,另一个是车电分离版。前者可承保被保险新能源汽车(含动力电池系统)的直接损失,后者可承保被保险新能源汽车车身(不含动力电池系统)的直接损失。同时,针对新能源汽车特有的风险,上述示范条款还设计了附加意外漏电责任险等附加险种,保障的风险更有针对性。

2.新能源汽车保险的保障范围更加全面

首先,"发动机进水后导致的发动机损坏"属于普通车辆保险的免责范围,而在新能源汽车保险中,主险的保险责任包含了涉水和水淹的情况;同时,因地震及其次生灾害导致的被保险车辆的损失和费用,也在传统车辆保险的免责范围,而新能源汽车辆保险明确了包含在保险责任之内。车损险增加了被盗窃、抢劫、抢夺责任或被盗窃、抢劫、抢夺后,受到损坏或车上零部件、附属设备丢失需要修复的合理费用以及被抢劫、抢夺过程中,受到损坏需要修复的合理费用责任,这相当于把传统燃油车盗抢险的责任加进了车损险的保险责任。车损险增加了外部电网、电力系统故障,通信网络信号缺失责任,这一项责任也是新能源汽车面临的一项较大风险,明确了这项责任使得保障更加全面。车损险增加了病毒、非法入侵或其他网络攻击责任,因为目前不少新能源汽车是有辅助驾驶系统,需要时刻联网,而这一网络风险在现行机动车综合商业保险中并未明确是否属于保险责任,因此这一责任的增加有利于消费者得到更全面的保障。

3. 不存在高保低赔

新能源汽车的实际价值确定方式重新定义,"投保时被保险新能源汽车的实际价值由投保人与保险人根据投保时的新车购置价减去补贴和折旧金额后的价格协商确定或其他市场公允价值协商确定",强调了新车购置价要减去补贴和折旧金额,而传统燃油车的条款中只是新车购置价减去折旧金额,这更符合保险损失补偿的原则,也可以降低道德风险。事实上,这一条主要只影响车险保额,和价格关系微乎其微,只有发生全部损失才会涉及保额的问题。车险全损概率只有万分之九,新能源汽车可能会更低。

(二)从目前新能源汽车保险的现状看,专属条款亟待解决的问题

(1)新能源汽车没有发动机,但增加了大量电气化零部件,应该取消涉水险这类针对传统燃油车的险种,增加针对新能源汽车特有零部件的险种;

(2)新能源汽车补贴在新能源汽车保险中如何核算;

(3)保险公司应单独针对电池承保还是针对新能源整车承保。

"传统意义的汽车属于机械产品,而新能源汽车电子化程度很高,随着辅助驾驶等技术的发展有望降低车辆事故率,但让保险出险概率降低的同时,也会让车辆整体价格进一步提高,因此保险定价将是重要问题。"不过,目前新能源汽车专属条款还没有出台,从监管的角度看,一定是求稳,希望能渐进式地解决问题。因此对于专属条款能否一步到位,能否解决新能源汽车保险的所有问题,行业不应抱有太大的期待。2020年,我国新能源汽车补贴彻底退出,虽然未经权威部门确认,但新能源汽车补贴退坡无疑是我国新能源汽车发展的必然趋势。届时,困扰新能源汽车保险的补贴如何核算的问题也将随之消失,此次专属条款会否加入这一问题也是需要考量的因素之一。

动力电池因为技术本身良莠不齐,导致其在使用过程中存在易受到加热、振动影响,进而缩短寿命,或破损危害行车安全等问题。同时,一旦发生交通事故,受到挤压、碰撞、高压、短路等很容易引发二次事故,而且,电池燃烧过程中还会产生一些有毒气体,这就使得新能源汽车的使用安全问题面临着不同于传统燃油车的巨大挑战,由此,直接影响新能源汽车保险。

为了增强新能源汽车使用中的安全性,建议提高新能源汽车电池测试与预警技术,推广应用电池安全检测与预警装置;制订针对车主与驾驶员的新能源汽车安全使用规范;公安交通管理部门要做好事故现场应急处置、事故数据采集标准、事故车辆安全处置等系列工作。

新能源汽车故障诊断与排除

在规定时间内,要求以小组作业方式,对新能源整车常见的低压供电(含仪表)、充电、上电、驱动等故障进行诊断与排除,在全面考核学生的基本操作技能情况下,要求按照维修手册的规范,在规定时间内完成作业的流程,发现和确认故障点,并根据现场裁判的要求排除

故障,用诊断报告的形式体现诊断流程、设备的使用和结果分析。作业过程中要熟练地查阅维修资料和电路图,正确使用工量具和仪器设备,准确测量技术参数和判断故障点,正确记录作业过程和测试数据,安全文明作业。

一、填写车辆信息

作业项目	作业内容	配分	扣分	判罚依据
整车型号		0.5		
工作电压		0.5		
电池容量		0.5		
车辆识别代码		0.5		
电机型号		0.5		
里程表读数		0.5		

实操环节(请在以下答题区域填写或勾选,未做或记录与实际不符均不得分)

二、故障点 1—6 诊断与排除过程记录

训练环节(请在以下答题区域填写或勾选,未做或记录与实际不符均不得分)

作业项目	作业内容	配分	扣分	判罚依据
故障现象确认		0.5		
模块通信状态及故障码检查		0.5		
正确读取数据	项目　数值　单位　判断	0.5		
清除故障码并再次读取	确认故障码是否再次出现,并填写结果 ☐ 无 DTC ☐ 有 DTC:	0.5		
确定故障范围	结合仪表现象、诊断数据和电路图分析,最有可能的故障范围:	2		
基本检查	线路/连接器外观及连接情况: ☐ 正常　☐ 不正常_____ 零件安装等: ☐ 正常　☐ 不正常_____	1		

部件/电路测试	部件/线路范围	检查或测试后的判断结果		3		
		□ 正常	□ 不正常			
		□ 正常	□ 不正常			
		□ 正常	□ 不正常			

故障部位确认和排除	故障类型	确认的故障位置	排除处理说明	2		
	线路故障		□ 更换□ 维修□ 调整			
	元件故障		□ 更换□ 维修□ 调整			

三、最终维修结果确认

训练环节(请在以下答题区域填写或勾选,未做或记录与实际不符均不得分)

作业项目	作业内容				配分	扣分	判罚依据
维修后读取故障代码,并填写读取结果					1		
与原故障相关数据检查结果	项目	数值	单位	判断	3		
维修后的功能操作确认并填写结果					3		

四、现场职业素养考核要点

序号	作业内容	评分要点(各训练环节漏项或累计最多扣相应配分)	配分	扣分	判罚依据
1	作业准备	□ 未检查设置隔离栏、安全警示牌 □ 未安装车辆挡块 □ 未安装车外三件套或安装位置不正确 □ 车内三件套少铺或未铺或撕裂 □ 未完全落下驾驶员侧车窗	2		

续表

序号	作业内容	评分要点(各训练环节漏项或累计最多扣相应配分)	配分	扣分	判罚依据
2	人员安全	☐ 未检查绝缘手套 ☐ 未检查防电池电解液酸碱性手套、护目镜、安全帽 ☐ 未检查确认电子手刹和挡位	2		
3	设备使用	☐ 未进行数字绝缘测试仪检查 ☐ 未选择四点检测绝缘垫绝缘性 ☐ 未检查数字万用表的电阻量程(校零)	2		
4	团队协作	☐ 作业时两名学生未互相配合,分工不合理,出现两条主线(各做各的) ☐ 未在规定时间内完成全部作业 ☐ 学生配合时身体发生碰撞,语言发生争执	2		
5	作业要求	☐ 未检查蓄电池电压 ☐ 未正确连接诊断仪与车辆诊断口 ☐ 故障检测仪使用方法不当 ☐ 未查阅维修手册或电路图 ☐ 未使用专用连接线 ☐ 测量低压部分线路未佩戴耐磨手套 ☐ 测量高压部分线路未佩戴绝缘手套、安全帽、护目镜 ☐ 测量前断开连接器插头,未断开蓄电池负极 ☐ 未关闭点火开关,直接断蓄电池负极	5		
6	现场恢复	☐ 未关闭驾驶员侧车窗 ☐ 未拆卸翼子板布、格栅布 ☐ 未拆卸车内三件套并丢弃到垃圾桶 ☐ 未移除高压警示标识等到指定位置 ☐ 未恢复工位到原标准工位布置状态 ☐ 未将钥匙、诊断报告放至指定位置	2		
7	安全与5S	☐ 拆装高压组件未执行高压作业断电流程并做安全防护 ☐ 烧保险丝 ☐ 填写并在电路图上指出的故障点或线路范围,和设置故障点或线路范围不一致 ☐ 仪器、工具、零件跌落 ☐ 上高压电时未提示 ☐ 工具零件不得放置在没有防护的仪表台及座椅上 ☐ 未按正确安全操作程序,损伤、损毁车辆或训练设备,视情节扣2—15分,特别严重安全事故的终止训练,成绩记0分 ☐ 未按正确安全操作程序,造成人员伤害,视情节扣2—15分,特别严重安全事故的终止训练,成绩记0分	15		

一、选择题

1. 对动力电池系统状态维护的技术标准是（　　）。

A. 单体电池无压差　　　　　　　　　　B. 单体电池压差 30 mV 以内

C. 单体电池压差 100 mV 以内　　　　　D. 单体电池压差 300 mV 以内

2. 新能源汽车二级维护中,对于动力电池母线对地绝缘检测的最低标准是（　　）。

A. 500 V 挡,绝缘阻值大于 0.5 MΩ　　　B. 500 V 挡,绝缘阻值大于 5 MΩ

C. 1 000 V 挡,绝缘阻值大于 0.5 MΩ　　D. 1 000 V 挡,绝缘阻值大于 20 MΩ

3. 一、二级维护当中,对于高压部件的安装检查,螺栓的紧固标准来自（　　）。

A. 现行的新能源汽车维护标准　　　　　B. 原厂维修手册

C. 自身的力矩上限　　　　　　　　　　D. 扳手的力矩上限

4. 一辆行驶 10 000 公里的新能源汽车,需要（　　）。

A. 高压系统绝缘检测　　　　　　　　　B. 空调系统功能检测

C. 更换动力电池包冷却液　　　　　　　D. 液态运行介质检查

5. 高压线束的绝缘检测指的是（　　）。

A. 测量导线对车身的电阻值　　　　　　B. 测量导线对车身的绝缘阻值

C. 测量导线对导线屏蔽层的电阻　　　　D. 测量导线对导线屏蔽层的绝缘电阻值

二、判断题

1. 新能源汽车仍然是汽车,其与传统汽车有相同的部件,保养项目可以参照传统汽车的维护标准。（　　）

2. 一辆行驶 50 000 公里的新能源汽车,保养项目有更换变速箱油、更换电机冷却液、检测高压系统绝缘。（　　）

3. 在维护过程中,发现高压部件损坏,维护技师不能擅自进行维修。（　　）

4. 对于高压系统的检查,一个最基本的标准就是工作正常。（　　）

5. 依照厂家标准,50 000 公里需要更换变速箱油,所以在 40 000 公里的时候可以不用做变速箱的维护项目。（　　）

纯电动汽车故障
诊断与排除

项目说明

　　纯电动汽车作为新能源汽车的主力车型,在新能源汽车销售量中占据很大的比例,纯电动汽车出现故障的情况也将相应增加。本项目通过学习动力电池、电机驱动系统及电控系统知识,从而能够让学生具备分析故障的能力。

项目目标

┌───┐
1. 能独立按照维修手册制订工作计划,培养学生综合职业能力
2. 能严格执行纯电动汽车拆装作业规范,独立完成动力电池、电机驱动系统的拆装
3. 能独立解决纯电动汽车典型故障的检测与排除
4. 能自主学习并且将获得新知识、新技能,运用到新的实践中
5. 能严格执行新能源汽车安全规定并具有能源和环境意识
└───┘

教学内容

　　在维修纯电动汽车的故障过程中,能自主学习和运用专业知识与技能,有目的地按专业要求和维修手册技术规范,严格执行新能源汽车维修作业规范,合理使用工具仪器完成新能源汽车维修工作内容,并对工作结果有效评估,培养学生综合职业能力。因此,要独立完成作业内容不仅要掌握纯电动汽车主要部件的结构原理,分析故障原因,还要能正确拆装部件操作技巧。本项目通过三个任务学习内容,完成纯电动汽车动力电池、电机及驱动系统、充电技术知识点的学习并掌握故障排除方法。

任务一　纯电动汽车动力电池总体组成及工作原理

一、动力电池的作用

动力电池是纯电动汽车的动力源,其主要作用是接收和储存由车载充电机、发电机、制动能量回收装置或外置充电装置提供的高压直流电,并且为纯电动汽车提供高压直流电,类似于传统汽车燃油箱的作用,如图 4-1、图 4-2 所示。

图 4-1　纯电动汽车充电状态

图 4-2　纯电动汽车能量回收状态

二、动力电池的结构组成

(一)电芯

经常看到的 5# 电池,就是单体电芯(特斯拉用的 18650 电芯的电压只有 3.7 V)。如图 4-3 所示为电芯外形特征,电芯涉及正负极材料、隔膜、电解液以及外壳封装技术,主要由电芯企业控制,如比亚迪、宁德时代、蜂巢能源、国轩高科等公司。电芯是动力电池的最小单位,也是电能存储单元,它必须要有较高的能量密度,以尽可能多地存储电能,使纯电动汽车拥有更长的续

图 4-3　电芯外形特征

航里程。除此之外,电芯的寿命也是最为关键的因素,任何一颗电芯的损坏,都会导致整个电池包的损坏。

(二)模组

一个电芯的能量太弱,所以通过很多节电芯拼接(串并联)成一个小组(模组)。如图 4-4 所示为动力电池包模组,这就是电芯成组技术,很多主机厂如比亚迪、上汽、北汽等会将这个技术放在自己手里,成立专门的电池企业,将电芯组成电池包。

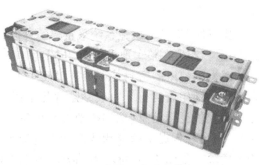

图 4-4　动力电池包模组

（三）电池包

根据整车的电压要求,会将几个模组进行串联(模组级别一般不会并联)抬升整体电压。这就是模组成包技术。而当数个模组被 BMS 和热管理系统共同控制或管理起来后,这个统一的整体就叫作(电池)包。如图 4-5 所示为动力电池包外形。

图 4-5　动力电池包外形

（四）案例分析(以比亚迪 E5 车型为例)

1. 整体概述

比亚迪 E5 动力电池系统由动力电池模组、电池信息采集器、串联线、托盘、密封罩、电池采样线组成。额定总电压为 653.4 V,总电量为 42.47 kW·h,采用磷酸铁锂电池。整体布置在地板下,如图 4-6、图 4-7 所示。

图 4-6　比亚迪 E5 动力电池包在车辆上位置

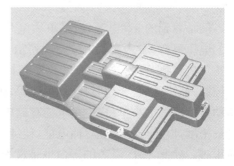

图 4-7　比亚迪 E5 动力电池包外观

2. 外部特征

比亚迪 E5 动力电池系统最重要的外部特征是:高电压导线或高电压接口和 12 V 车载网络接口,布置在整车地板下面,电量为 47.5 kW·h。

动力电池组的密封盖一般通过几十个螺栓加密封胶以机械方式与托盘连接在一起。在动力电池组密封盖上一般粘贴有几个提示牌,如一个型号铭牌和两个警告提示牌。型号铭牌提供逻辑信息(例如电池参数标签和电池编号)和最重要的技术数据(例如额定电压)。两个警告提示牌提醒注意动力电池组采用锂离子技术且电压较高以及可能存在的相关危险。如图 4-8 所示为动力电池组上提示牌的安装位置、检验报告和托盘螺栓固定力矩。

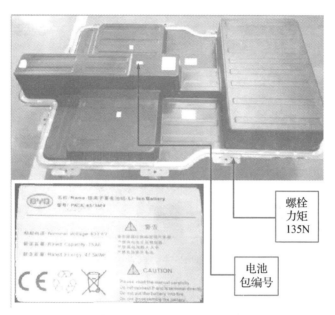

图 4-8 动力电池组上提示牌的安装位置、检验报告和托盘螺栓固定力矩

在动力电池组上带有一个 2 芯高电压接口,动力电池组通过该接口与高电压车载网络连接,如图 4-9 所示为动力电池包动力母线接口处。

图 4-9 动力电池包动力母线接口处

围绕高电压导线的两个电气触点还各有一个屏蔽触点。这样可使高压电缆屏蔽层(每根导线各有一个屏蔽层)一直持续到动力电池组密封盖内,从而有助于确保电磁兼容性 EMV。

新能源汽车基本都会在整车的关键连接部件上使用低压互锁电路,如图 4-10 所示为比亚迪 E5 主要部件内的互锁电路。

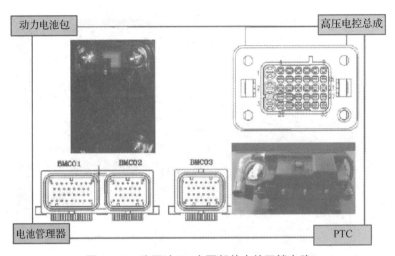

图 4‑10 比亚迪 E5 主要部件内的互锁电路

互锁电路是一种低压电路,在被断路时向控制模块发出信号,或者当动力电池组的维修开关被部分或完全拆下时主动断开电路。然而,维修开关上的互锁电路通常并不是汽车上唯一的互锁电路,比如说在高压电缆连接插头处或保护盖上也有互锁电路。这样做的目的是确保在高压系统某部分被断接或暴露的情况下,车辆高压系统能够立刻断开(READY 为 OFF)。有些车辆还会采用这样的设计:只有互锁电路断开,同时车辆以小于每小时几公里的速度行驶或者停车时,汽车才会断电。

12 V 车载网络接口为集成式控制单元提供电压、总线信号、传感器信号和监控信号,如图 4‑11 所示为 12 V 车载网络接口。

图 4‑11 12 V 车载网络接口

直流高压电缆组件由两根绝缘的高压电缆组成,用来连接混合动力汽车或纯电动汽车的动力电池组和汽车的变频器。大部分高压电缆都位于汽车底盘下(夹在动力电池组和底盘之间），因此它能受到很好的保护,避免碰撞到路面带来损坏。而纯电动汽车和一些插电式车辆安装的电池组要大得多,往往要延长到几乎车辆前部的位置,所以其高压电缆通常也会相对混合动力汽车短一些。比亚迪 E5 电池高压电缆从电池端输出,高压电控总成端输入,如图 4‑12 所示为比亚迪 E5 电池高压电缆。

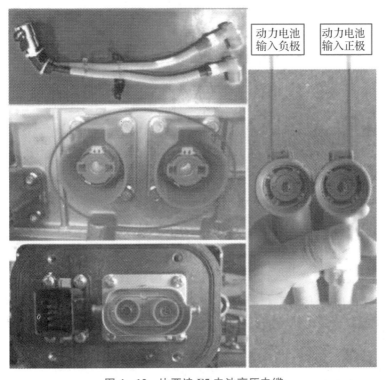

图 4‑12　比亚迪 E5 电池高压电缆

3. 内部结构

比亚迪 E5 电池组内部结构由电池模组、动力连接片、连接电缆、电池采样线、电池组固定压条、密封条等组成,如图 4‑13 所示为比亚迪 E5 电池组内部结构。

图 4‑13　比亚迪 E5 电池组内部结构

磷酸铁锂电池的单体电池标称电压是 3.2 V,充电终止时的最高电压为 3.6 V,最大放电电压为 2.0 V。如图 4-14 所示,比亚迪 E5 由 13 个模组串联组成,总电压为 633.6 V,容量为 75 A·h。电池组高压接口在 1♯电池负极、13♯电池正极。13 号模组在 1 号的上层,12 号模组在 11 号的上层,6、7、8 号模组分别在 5、4、9 号的上层。

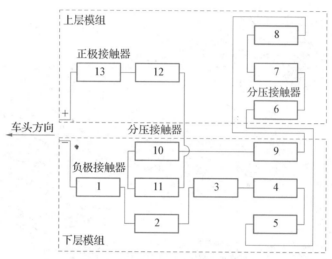

图 4-14　动力电池包模组分布图

　　比亚迪 E5 使用电池信息采集器(BIC)监控电池组传感器测量的数据和电池性能。通常情况下,数据被报告给电池管理器(BMS),然后 BMS 根据工作条件和驾驶员的需求命令电池进行相应的充电或放电。

　　如果出现了单体电池、电池模组或部分电路的电压变得不平衡,部分带充电系统的电动还可以用 BIC 来帮助进行电池电压均衡。BIC 主要是进行电压、温度和通信信号的采集。如图 4-15 所示为比亚迪 E5 使用电池信息采集器。

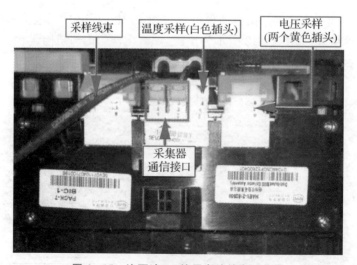

图 4-15　比亚迪 E5 使用电池信息采集器

　　比亚迪 E5 动力电池组内部含有 4 个接触器(影响电池组是否可以串联)和 2 个保险:2

个分压接触器和保险(6 号和 10 号模组内部各一个),1 个正极接触器(13 号模组内部),1 个负极接触器(1 号模组内部)。分压接触器在电池模组内部,无法单独拆卸。只可以通过插头施加电压进行间接判断,如图 4 - 16 所示。

三、EV 电池组性能指标

电动汽车用动力电池的主要性能指标包括电压、内阻、容量和比容量、能量以及效率

图 4 - 16　动力电池包接触器

等。要使电动汽车能与传统的燃油汽车相竞争,关键就是要开发出比能量高、比功率大、使用寿命长的高效电池。

(一)电压

电压也称作电势差或电位差,是衡量电荷在静电场中由于电势不同所产生的能量差的物理量。锂离子的电极电势约是 3 V,锂电池的电压随材料不同而有变化。如,一般的锂电池额定电压为 3.7 V,满电电压为 4.2 V;而磷酸铁锂电池额定电压为 3.2 V,满电电压为 3.65 V。换句话说,实用中的锂电池正极和负极之间的电势差不能超过 4.2 V,这是一种基于材料和使用安全性的需要。乘用车动力电池包的电压普遍达几百伏,例如比亚迪 E5 动力电池工作电压为 434.4 V。

(二)SOC

电池的荷电状态(SOC)用来反映电池的剩余容量状况,这是目前国内外比较统一的说法,其数值上定义为电池剩余容量占电池容量的比值。SOC 是动力电池重要的技术参数,只有准确知道电池的荷电状态,才能更好地使用电池。因为电池组的 SOC 和很多因素相关且具有很强的非线性,从而给 SOC 实时在线估算带来很大的困难,还没有一种方法能十分准确地测量电池的 SOC。如图 4 - 17 所示为车辆铭牌参数。

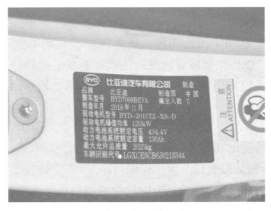

图 4 - 17　车辆铭牌参数

（三）内阻

电池在短时间内可以看成一个电压源,内阻大小决定了电池的使用效率。电池内阻包括欧姆电阻和极化电阻两部分,欧姆电阻不随激励信号频率变化,又称交流电阻,在同一充放电周期内,欧姆电阻除温升影响外变化很小。这个参数随负载轻重、温度等因素随时变化,随着电池寿命减少,内阻也在逐渐增大。内阻越小的电池越可以高倍率充放电,18650的普通电池内阻在 50 mΩ 左右,动力型的 18650 电池在 15 mΩ 左右。

（四）容量

指电池在充足电以后,在一定的放电条件下所能释放出的电量,以符号 C 表示,其单位为安时(A·h)或毫安时(mA·h),容量与放电电流大小有关,与充放电截止电压也有关系。电池在化成之前,材料的活性不能正常发挥,容量很小,化成过程开始后,电池进入其生命期。在整个生命期里,电池的活化和劣化过程是一个问题的两个方面,初期活化作用处于主导地位,电池容量逐渐上升;之后,活化和劣化作用都不明显或相当;后期,劣化作用显著,容量衰减,规定容量衰减到一定比例(60%)后,电池寿命终结。

（五）比容量

为了比较不同系列的电池,常用比容量的概念。比容量是指单位质量或单位体积的电池所能给出的电量,相应地称为质量比容量或体积比容量。电池在工作时通过正极和负极的电量总是相等的。但是,在实际电池的设计和制造中,正、负极的容量一般不相等,电池的容量受容量较小的电极的限制。实际电池中多为正极容量限制整个电池的容量,而负极容量过剩。

（六）能量

电池的能量是指在一定放电制度下,电池所能输出的电能,通常用瓦时(W·h)表示。电池的能量反映了电池做功能力的大小,也是电池放电过程中能量转换的量度。对于电动汽车来说,电池的能量大小直接影响电动汽车的行驶距离。

（七）比能量

比能量分为质量比能量和体积比能量。质量比能量是指单位质量电池所能输出的能量,单位常用 W·h/kg。也称质量能量密度。体积比能量是指单位体积电池所能输出的能量,也称体积能量密度,单位常用 W·h/L。常用比能量来比较不同的电池系列。

（八）功率

电学定义直流电源的输出功率等于输出电压与电流的乘积,锂电池单体电压高,在相同的输出电流下,其功率分别是铅酸(2.0 V)、镍镉(1.2 V)或镍氢(1.2 V)的 1.6 倍和 3 倍。电动汽车用动力电池组的负载是电机控制器,电机控制器根据车速变化调整输出功率,短时间来看,电池组驱动的是恒功率负载,这个功率变化的范围极大,制动时有与加速时相近的反向逆变功率。

（九）比功率

单位质量或单位体积电池输出的功率称为比功率,单位为 W/kg 或 W/L。如果一个电池的比功率较大,则表明在单位时间内,单位重量或单位体积中给出的能量较多,即表示此电池能用较大的电流放电。因此,电池的比功率也是评价电池性能优劣的重要指标之一。

对于纯电动汽车,其电能储存装置应具有尽可能高的比能量,以保证汽车的续驶里程。对于混合动力汽车,其电能储存装置则应具有尽可能高的比功率,以保证汽车的动力性。

（十）效率

电池的效率指电池的充放电效率或能量输出效率,本书指后者。对于电动汽车,续驶里程是最重要的指标之一,在电池组电量和输出阻抗一定的前提下,根据能量守恒定律,电池组输出的能量转化为两部分,一部分作为热耗散失在电阻上,另一部分提供给电机控制器转化为有效动力,两部分能量的比率取决于电池组输出阻抗和电机控制器的等效输入阻抗之比,电池组的阻抗越小,无用的热耗就越小,输出效率就更大。

（十一）温升

电池温升定义为电池内部温度与环境温度的差值。多数锂电池充电时属吸热反应,放电时为放热反应,两者都包含内阻热耗。充电初期,极化电阻最小,吸热反应处于主导地位,电池温升可能出现负值,充电后期,阻抗增大,释热多于吸热,温升增加,过充时,随不可逆反应的出现,逸出气体,内压升高、温度升高,直到变形、爆裂。

（十二）寿命

电池在使用过程中的容量会逐渐损失,导致锂离子电池容量损失原因很多,有材料方面的原因,也有生产工艺方面的因素。一般认为,当蓄电池用旧只能充满原有电容量80%的时候,就不再适合继续在电动汽车上使用,可以进行梯次利用、回收、拆解和再生。

电池的寿命有循环寿命和日历寿命之分,其中应用最多的是循环寿命。

（十三）一致性

电池容量分为单元电池的容量和电池组的容量,在现有的动力电池技术水平下,电动汽车必须使用多块电池构成的电池组来满足使用要求。由于同一类型、同一规格、同一型号电池间在开路电压、内阻、容量等方面的参数值存在差别,即电池性能存在不一致性,使动力电池组在电动汽车上使用时,性能指标往往达不到单电池原有水平,使用寿命缩短,严重影响其在电动汽车上的应用。

电池开路电压间接地反映了电池的某些性能,保证电池开路电压的一致,是保证性能一致的一个重要方面。一般采用的方法是将电池静置数十天,测其满电荷电状态下贮存的自放电率以及满电状态下不同贮存期内电池的开路电压,通过观察自放电率和电压是否一致来对电池的一致性进行评价。

四、EV电池管理系统作用

电池管理系统(Battery Management System，BMS)，是电动汽车动力电池系统的重要组成。它一方面检测收集并初步计算电池实时状态参数，并根据检测值与允许值的比较关系控制供电回路的通断；另一方面，将采集的关键数据上报给整车控制器，并接收控制器的指令，与车辆上的其他系统协调工作。如图4-18所示为电动汽车电池管理系统。

图4-18　电动汽车电池管理系统

BMS由各类传感器、执行器、控制器以及信号线等组成，为满足相关的标准或规范，BMS的功能包括：电池参数检测、电池状态估计、在线故障诊断、电池安全控制与报警、充电控制、热管理、均衡控制、信息存储、电磁兼容和人机接口等。如图4-19所示为电动汽车电池管理系统组成。

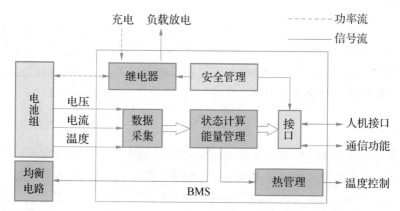

图4-19　电动汽车电池管理系统组成

(一)电池参数检测

包括总电压、总电流、单体电池电压检测(防止出现过充、过放甚至反极现象)、温度检测(最好每串电池、关键电缆接头等均有温度传感器)、烟雾探测(监测电解液泄漏等)、绝缘检测(监测漏电)、碰撞检测等。

（二）电池状态估计

包括荷电状态（SOC）或放电深度（DOD）、健康状态（SOH）、功能状态（SOF）、能量状态（SOE）、故障及安全状态（SOS）等。

（三）在线故障诊断

包括故障检测、故障类型判断、故障定位、故障信息输出等。故障检测是指通过采集到的传感器信号，采用诊断算法诊断故障类型，并进行早期预警。电池故障是指电池组、高压电回路、热管理等各个子系统的传感器故障、执行器故障（如接触器、风扇、泵、加热器等），以及网络故障、各种控制器软硬件故障等。电池组本身故障是指过压（过充）、欠压（过放）、过电流、超高温、内短路故障、接头松动、电解液泄漏、绝缘能力降低等。

（四）电池安全控制与报警

包括热系统控制、高压电安全控制。BMS 诊断到故障后，通过网络通知整车控制器，并要求整车控制器进行有效处理（超过一定阈值时 BMS 也可以切断主回路电源），以防止高温、低温、过充、过放、过流、漏电等对电池和人身的损害。

（五）充电控制

BMS 中具有一个充电管理模块，它能够根据电池的特性、温度高低以及充电机的功率等级，控制充电机给电池进行安全充电。

（六）电池均衡

不一致性的存在使得电池组的容量小于组中最小单体的容量。电池均衡是根据单体电池信息，采用主动或被动、耗散或非耗散等均衡方式，尽可能使电池组容量接近于最小单体的容量。

（七）热管理

根据电池组内温度分布信息及充放电需求，决定主动加热/散热的强度，使得电池尽可能工作在最适合的温度，充分发挥电池的性能。

（八）网络通信

BMS 需要与整车控制器等网络节点通信，同时，BMS 在车辆上拆卸不方便，需要在不拆壳的情况下进行在线标定、监控、自动代码生成和在线程序下载（程序更新而不拆卸产品）等，一般的车载网络均采用 CAN 总线技术。

（九）信息存储

用于存储关键数据，如 SOC、SOH、SOF、SOE、累积充放电安时数、故障码和一致性等。车辆中的真实 BMS 可能只有上面提到的部分硬件和软件。每个电池单元至少应有一个电池电压传感器和一个温度传感器。对于具有几十个电池的电池系统，可能只有一个 BMS

控制器,或者甚至将 BMS 功能集成到车辆的主控制器中。对于具有数百个电池单元的电池系统,可能有一个主控制器和多个仅管理一个电池模块的从属控制器。对于每个具有数十个电池单元的电池模块,可能存在一些模块电路接触器和平衡模块,并且从控制器像测量电压和电流一样管理电池模块,控制接触器,均衡电池单元并与主控制器通信。根据所报告的数据,主控制器将执行电池状态估计、故障诊断、热管理等。

（十）电磁兼容

由于电动汽车使用环境恶劣,要求 BMS 具有好的抗电磁干扰能力,同时要求 BMS 对外辐射小。BMS 的功能可分为测量功能、核心算法和应用功能,如图 4-20 所示。

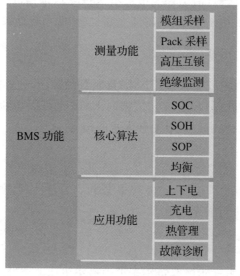

图 4-20　BMS 功能

五、动力电池拆装实训

汽车 4S 店技术主管在经过各项检测之后,判断比亚迪 E5 汽车是动力电池故障,确定需要对动力电池进行解体,此时需要维修人员协助技术主管按照规范程序,从车上拆卸动力电池,技术主管完成维修后,需要对动力电池进行安装,并确认其工作状态正常。

（一）任务实施

1. 选用工具设备

（1）准备必需的基本绝缘安全工(器)具:验电、放电工装、绝缘罩、绝缘隔板等。

（2）准备必需的辅助安全工(器)具:绝缘手套、护目镜、绝缘靴、绝缘胶垫、安全栏(网)、标示牌等,如图 4-21 所示。

（3）使用安全工具时,需要注意下列事项:

① 安全工具要加强日常维护,防止受潮、损坏和脏污。

② 使用绝缘手套前要仔细检查,不能有破损和漏气现象。

③ 辅助安全工具不能直接接触 1kV 以上的电气设备,在高压工作使用时,需要与其他

安全用具配合使用。

④ 使用验电器时应将验电器慢慢地靠近电气设备,如氖光灯发亮表示有电。验电器必须按其额定电压使用,不得将低压验电器在高压上使用,也不得将高压验电器在低压上使用。

(4) 举升设备。注意事项如下:

① 使用设备前应进行设备点检,确认无误后再进行使用。

图 4 - 21　安全防护用品

② 使用的过程中,要注意周围的情况,发现异常要及时按下急停按钮。使用完毕后要进行确认点检。

(5) 检查调试万用表。

2. 拆装准备

(1) 设置安全网,并放置安全警示牌。

(2) 检查并佩戴个人安全防护用品。

(3) 检查设备工具。

(4) 检查绝缘工具。

(5) 实施车辆防护。

(6) 检查举升机。

(7) 检查电池举升车。

(8) 检查绝缘垫对地绝缘性能。

(9) 检查确认车辆停放。

(10) 起动车辆,确认车辆处于空挡。

(11) 检查仪表盘所显示的故障,填写任务单,如图 4 - 22 所示。

(12) 熄火,钥匙保持在 ON 位置。

(13) 连接故障诊断仪。

(14) 用故障诊断仪读取故障码,填写任务工单。

(15) 关闭点火开关,保管好智能钥匙,如图 4 - 23 所示。

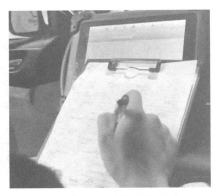

图 4 - 22　任务工单

图 4 - 23　关闭点火开关

3. 操作步骤

（1）拆装步骤

① 点火开关置于 OFF 挡,智能钥匙专人保管好。

② 断开低压 12 V 电池负极,并用胶带绑住,如图 4-24 所示。

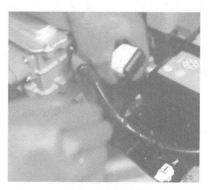

图 4-24　蓄电池负极绝缘处理措施

③ 拔下维修开关,并放置在保险盒内,如图 4-25、图 4-26 所示。

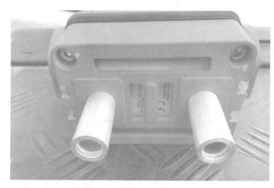

图 4-25　维修开关

图 4-26　维修开关短接片

④ 等待 5—10 min,待高压部件放电完成,拔下正负极母线,切断高压电回路,并用绝缘胶布包裹接头,如图 4-27 所示。

⑤ 打开电池冷却液壶,如图 4-28 所示。

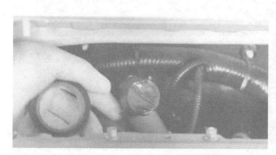

图 4-27　动力母线绝缘处理

图 4-28　电池冷却液壶

⑥ 举升车辆,注意对准车辆四个支撑点,如图 4-29 所示。

⑦ 拆卸动力电池护板,如图 4-30 所示。

图 4-29　车辆支撑点

图 4-30　动力电池包护板

⑧ 拆卸动力电池冷却液水管,排空冷却液,如图 4-31 所示。

⑨ 拔出动力电池低压线束与高压母线,如图 4-32 所示。

图 4-31　冷却液水管

图 4-32　动力电池母线

⑩ 举升动力电池固定平台,拆卸动力电池固定螺栓。如图 4-33 所示,用气动扳手拆卸 10 个大螺栓,拆卸时注意受力均匀,如图 4-34 所示。

图 4-33　动力电池固定螺栓

图 4-34　拆卸下动力电池包

⑪ 测量正负极母线电压,如为 0 V,可以进行其他作业,如图 4-35、图 4-36 所示。

图 4-35　高压下电

图 4-36　动力母线电压检测

（2）安装步骤

① 将动力电池移至车辆下方,使动力电池两侧定位销置于车辆下方的定位孔中,安装动力电池,按照规定的扭矩拧紧。

② 安装动力电池高压线缆动力电池端接插件。

③ 安装低压接插件线束,按照规定扭矩拧紧。

④ 放下举升机,移出举升臂,放下车辆。

⑤ 加注动力电池冷却液。

⑥ 连接 12 V 蓄电池负极。

⑦ 对动力电池进行标定。

任务二　纯电动汽车电机及驱动系统故障诊断与排除

一、驱动电机的定义和组件

驱动电机是将电能转换成机械能,为车辆行驶提供驱动力,或将机械能转化成电能的装置,它具有能做相对运动的部件,是一种依靠电磁感应而运行的电气装置。电动发电机(通常被简称为电机)有如此称谓是因为它既作为电动机工作(由新能源汽车的动力电池组供能),也作为发电机工作(产生电流,为汽车的电池组充电),如图 4-37 所示。

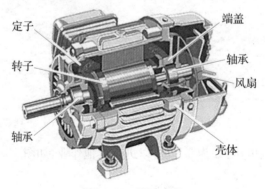

图 4-37　驱动电机

一台典型电机的固定部件被称为定子,由定子绕组和定子铁心组成。一台典型电机的另一主要部分称为转子,是电机中转动的部分。

二、电机性能参数

(一)技术参数

1. 电机的运转

在电机运行期间,混合动力汽车或纯电动汽车的变频器往往通过使用脉宽调制(PWM)或其他调节方法产生三相交流电,并在电机的定子绕组中创造一个转动的电磁场。定子的电磁场会与电动机转子中的磁场(若是永磁电机)或电磁场(若是感应电机)相互作用,使转子转动。例如起动电机(直流有刷电机),它使用电刷进行整流以保证定子励磁线圈与旋转电枢如预期的一样相互作用。而交流电机内则没有电刷,相反,交流电机通过变频器来进行整流,以校正定子绕组的电磁场与转子的位置。

2. 电机转速和转矩

当电机作为电动机运行(正转)时,它的转速由变频器供给的交流电频率所决定。电动机产生的转矩大小与带动形成转矩的电流大小成大致比例。如图 4 - 38 所示为电机转速和转矩关系。

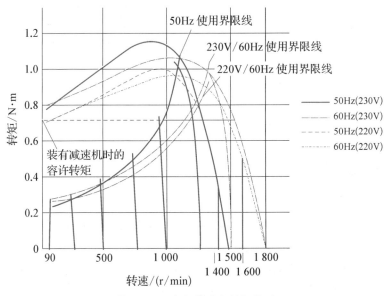

图 4 - 38 电机转速和转矩关系

3. 发电机的运转

为产生电流发电,需有外部机械力使电机的转子转动。这一外力可来自混合动力汽车和纯电动汽车转动的车轮(如再生制动的时候),或者来自混合动力汽车内部的内燃机,通常表现为电机反转。转动的转子能在电机定子绕组内形成感应电磁场,继而在定子绕组内产生感应交流电,为汽车的电池组充电,或驱动第二电动机(MG2)运转。

4. 反电动势

因为电磁感应,任何时候(包括作为电动机运行时),交流电机的转子都会在定子绕组中产生感应电压。这一电压被称为反电动势(Back EMF),与电机作为发电机运行时变频器产生的电压相反。随着电机转速提升,转子在定子绕组中旋转速度加快,反电动势自然升高。为了转动发动机并且在给定的转速下产生相应转矩,混合动力汽车和纯电动汽车的变频器在相同的转速下需产生比电机的反电动势更高的电压。

一些混合动力汽车和纯电动汽车变频器中使用的升压转换器,能将汽车动力电池包提供的电压提高 2—3 倍,以克服电机的反电动势并提高最大运转速度。还有另一种称为"磁场削弱"的电机控制方式,在电机高速运转时,以减少转矩输出为代价,使速度最大化,减弱反电动势。旋转变压器使用励磁绕组的磁场使正弦绕组以及余弦绕组产生不同的感应电压。正弦绕组的感应电压输出与余弦绕组的感应电压输出相互协调,用于判定转子位置和速度,如图 4-39 所示。

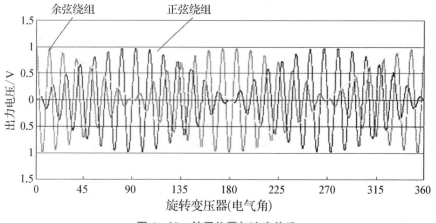

图 4-39 转子位置与速度关系

(二)主要性能要求

1. 对动力驱动系统的要求

(1)起动力矩大和过载能力强,不仅要满足汽车带负载频繁起步的要求,同时还希望在加速和上坡时,有一定的短时过载能力。

(2)限制电机过大的峰值电流,要小于蓄电池最大放电允许电流以免损坏。普通电动机起动电流较大,需设法改善电机的起动特性。

(3)调速范围宽,在高、低速各工况均能高效运行,需电机有较宽调速范围,并保持理想调速特性。通常电机在所设计额定功率及其转速附近运行效率较高,而远离额定点效率必降低,为此将提出多级额定转速设计,以简化机械传动而减少其摩擦损耗和车载质量。

(4)电机能够正反转运行,使汽车倒车时不必切换齿轮来实现倒挡。

(5)方便、高效地实现发电回馈,使汽车降速制动和下坡滑行时经电机将更多动能转换为电能回馈给蓄电池来提高续驶里程。

(6)设法使电机同时具有电磁制动功能。因电磁制动的动态响应极快,可及时准确地对前、后、左、右车轮制动力适宜分配,提高汽车安全性。

(7)调速响应快。提高电机动态响应性可改善行驶中各控制性能。

(8)运行平稳及可靠性高。利用其故障容错性等,确保电动汽车故障时仍能"跛脚回家",以避免交通堵塞。

2.对驱动电机自身的要求

(1)高电压。主要优点是可以减小电机的尺寸、降低逆变器的成本以及提高能量转换效率等。提高电机电压的典型例子是丰田公司的 THS-Ⅱ混合动力系统。该系统电机采用的电压由 THS 系统的 201.6 V 提高到 650 V,在电机尺寸和质量变化不大的前提下,使电机的功率、转矩和转速范围扩大。

(2)高转速。在产品技术文件规定的负载下,电机应能达到产品技术文件规定的最高工作转速限值。现代电动汽车的电机转速可达 8 000—12 000r/min,甚至更高。

(3)转矩密度和功率密度大、质量轻、体积小。转矩密度、功率密度分别指最大转矩体积比和最大功率体积比。采用铝合金外壳可以降低电机的质量,各种控制装置和冷却系统的材料也应尽可能选用轻质材料。

(4)具有较大的起动转矩和较宽范围的调速性能。为满足起动、加速、行驶、减速、制动等所需的功率与转矩,应具有较大的起动转矩和较宽范围的调速性能,应具有自动调速功能,减轻操纵强度,提高舒适性,达到内燃机汽车同样的控制响应。电机的转矩特性小于基速时为恒转矩,随着车速(电机转速)的升高转矩逐渐降低。

(5)较大的过载能力。电动汽车的驱动电机一般需要有 4—5 倍的过载,以满足短时加速行驶与最大爬坡度的要求,而工业驱动电机只要求有 2 倍的过载。

(6)高效率。在额定电压下,电机、控制器、电机系统的最高效率应符合产品技术文件规定。在额定电压下,电机、电机系统的高效工作区(效率不低于 80%)占总工作区的百分比应符合产品技术文件规定。

(7)可兼作发电机使用。新能源汽车有不同的结构,有的混合动力汽车既有电动机,又有发电机,如丰田 Prius。由于采用了混联式结构,电动机和发电机二者兼有,并且通过行星齿轮机构耦合在一起。

三、EV 电机类型

(一)直流电机(DC Motor)

直流电机的典型设计包括定子的永久磁铁,而工作电压则通过电刷提供给转子线圈。电机打开时,转子将旋转,直至转子磁场与定子磁场对齐。为了使转子一直旋转,必须通过换向器更改转子内磁场的极性进而更改磁场方向。例如,转子每旋转 180°换向器就将改变一次极性,以确保转子一直旋转。在二极和四极电机上,运行过程中会产生很大的不平衡,因此实际上所需极数要多得多。换向器可产生正确的极性,这样转子便可一直旋转。

(二)永磁电机(Permanent Magnetic Motor)

永磁电机的转子中使用了高强度的永磁体作为材料。永磁体可能被嵌在转子表面(覆在转子的外层)或者是包裹在铁转子的内部,后者被称作内置式转子,并且在混合动力汽车和纯电动汽车中的使用比前者更常见。每一个转子磁体都经过磁位调整,使它们两极中的一个极点统一朝外指向定子绕组。这样,这些磁体的两极极性围绕着转子交替变换:北,南,北,南……不需要任何电能就能维持转子的永久磁场。当混合动力汽车和纯电动汽车的变频器在汽车的定子绕组中产生电流,使电机运行时,电流会在定子绕组中产生电磁场。每个绕组磁场的极性(朝内面向电机转子)取决于绕组的绕向。

四、EV 电机控制器及整车控制器

(一)电机控制器的定义

电机控制器是控制动力电源与驱动电机之间能量传输的装置,由控制信号接口电路、驱动电机控制电路和驱动电路组成。电机控制器是通过集成电路的主动工作来控制电机按照设定的方向、速度、角度、响应时间进行工作的模块。

(二)电机控制器主要功能

(1)整车控制器(VCU)根据驾驶员意图发出各种指令,电机控制机器响应并回馈,实时调整驱动电机输出,以实现整车的怠速、前行、倒车、停车、能量回收以及驻坡等功能。

(2)通信和保护实时进行状态和故障检测,保护驱动电机系统和整车安全可靠运行。

(三)北汽 EV200 电机控制器

在北汽新能源 EV 系列的纯电动汽车中,电机控制器通过 CAN 网络与整车控制器通信,通过电压传感器监测直流母线及相电流,并且能够采集 IGBT 和电机温度,通过控制电路控制和反馈给 IGBT 模块,为旋变传感器励磁供电,对旋变的信号进行检测与分析。

(四)电机控制器组成

电机控制系统由功率变换器、控制主板、传感器、超级电容、放电电阻、接口、冷却水管等组成,如图 4 - 40 所示。

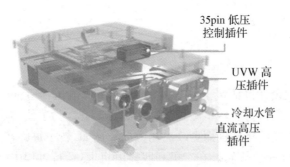

图 4 - 40 电机控制器

1. 控制主板

主要包括控制芯片及外围电路、A - D 采样电路、IGBT 驱动和保护电路、位置检测电路等几部分。中央控制模块,通过对外接口得到整车上其他部件的指令和状态信息,对内把翻

译过的指令传递给逆变器驱动电路,并检测控制效果。

2. 传感器

使用以下传感器来提供驱动电机的工作信息,包括:

（1）电流传感器:用以检测电机工作的实际电流（包括母线电流、三相电流）,如图4-41所示。

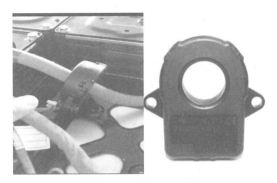

图4-41　电流传感器

（2）电压传感器:用以检测供给电机控制器工作的实际电压（包括动力电池电压、12 V蓄电池电压）。

（3）温度传感器:用以检测电机控制器的工作温度（包括 IGBT 模块温度、电机控制器板载温度）,如图4-42所示。

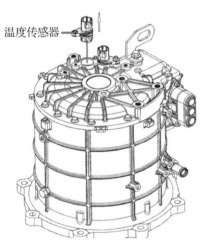

图4-42　温度传感器

3. 功率变换器

功率变换器主电路采用三项全桥逆变电路,对电机电流电压进行控制,其功率开关器件一般采用 IGBT,如图4-43所示。

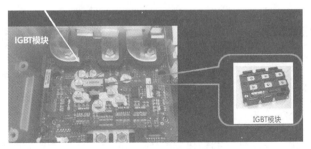

图4-43　功率变换器模块

4. 驱动控制模块

将中央控制模块的指令转换成对逆变器中可控硅的通断指令,并作为保护装置,具备过压、过流等故障的监测保护功能。

(五) 电机控制器的工作原理

1. 指令和响应

电机控制器,调速指令的触发信号,来自整车控制器的命令。整车控制器一方面体现驾驶员意图,另一方面从安全和车辆电气系统运行状态出发,评估对驾驶员的响应是否合理,最后执行或打折执行。驾驶员的意图通过加速踏板和制动踏板表达并传递给整车控制器。

整车控制器给电机控制器的具体指令与动力系统相关的有:加速、减速、制动、停车。电机控制器做出的响应为改变电源电流、电压、频率等参数,使得电机的运行状态符合整车控制器的需要。

2. 闭环

电机控制器自身是一套闭环控制系统,调节目标参数,检测受控函数值是否达到预期,若不相符,反馈给控制器,再次调整目标参数。经过反复的闭环反馈,实现高精确度的控制。整车控制器采集车速传感器,各个电气部件温度、电压等重要状态参数,判断整车的综合情况,是否符合驾驶员提出的需求,同时不妨碍整个系统的健康状况。这个过程,是整车层面的闭环控制。如图 4-44 所示为电机控制逻辑原理图。细实线是低压通信线,粗实线为高压动力线。最右侧第一列第二个是电机控制器。与电机控制器有强电连接关系的部件是电机和动力电池包,电机控制器连接到整车的 CAN 总线上,可以与整车控制器、数字仪表板、动力电池管理系统通信,交换数据,接受指令。

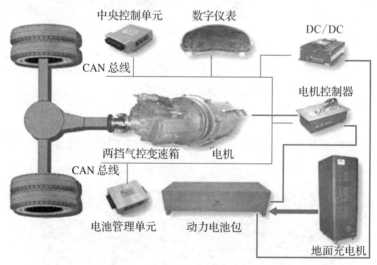

中央控制单元　数字仪表　DC/DC　电机控制器　CAN总线　两挡气控变速箱　电机　CAN总线　电池管理单元　动力电池包　地面充电机

图 4-44　电机控制逻辑原理图

3. 改善的方向

一方面,好的控制策略会对控制精度和响应速度产生重要影响,因而是研发人员投入精力的重要领域。另一方面,随着各个部件控制运算能力的提升,电动汽车的驾乘感受将越来越"随心所欲"。

（六）驱动电机控制策略

根据电动汽车的 P、R、N、D 四个挡位,加速踏板和制动踏板信号,将电动汽车的运动状态分为五种运行模式,分别是:起车模式、正常驱动模式、失效保护模式、制动能量回馈模式和空挡模式。整车控制器采集钥匙信号、加速踏板、制动踏板、挡位信号和其他传感器信号,然后提取出有效值,整车控制策略通过对这些有效值判断、计算,取相应的驱动模式,然后向电机控制器发送整车期望转矩指令。驱动使能标志位置 1 则进入整车驱动状态,它置 1 的条件是钥匙打到 START 状态,整车控制器通过自检,电机控制器通过自检,电池管理系统通过自检,无严重故障,挡位处于 R/N/D 挡。然后整车控制器根据加速踏板、制动踏板、挡位信号和车速分别进入对应的驱动状态。

1. 起车模式

起车模式是指车辆已经启动,挡位挂在驱动挡,加速踏板开度为零的运行模式。此时整车控制器发送给电机控制的转矩指令为起车小转矩。该转矩的主要功能:如果在平直路面上行驶,可以使车辆保持一个恒定起车速度前行,如果在坡道上则防止起车时车辆倒溜。在起车模式下车辆最终以恒定速度行驶,并且车速有一个最大值,若车速超过这个值,则电机停止转矩的输出。

2. 正常驱动模式

正常驱动模式是指车辆处于驱动使能状态下,整车动力系统能够无故障运行,保障车辆正常行驶。此时整车控制器根据加速踏板开度、车速和电池 SOC 值来确定发送给电机控制器的转矩指令,当电机控制器从整车控制器得到扭矩输出的指令时,将动力电池提供的直流电,转化成三相交流电,驱动电机输出扭矩,通过机械传输来驱动车辆。正常驱动模式下有一个最大行驶车速。

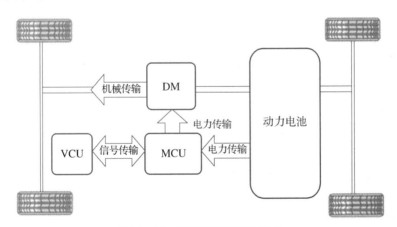

图 4－45　纯电动汽车驱动模式

3. 制动能量回馈模式

制动能量回馈模式也称为发电模式,是车辆在运行时制动信号有效,并且车速大于一定值,则对车辆的动能进行回收。由于电机既可以作为电动机,又可以作为发电机,此时电机输出制动力矩,有效地吸收车辆刹车时的动量,电机将车子的动能转化为电能,然后三相正弦交流电通过电机控制器转化为直流电,产生的电能给动力电池充电,增加能量的利用率,故电动汽车具有制动能量回馈的功能,如图 4 - 46 所示。

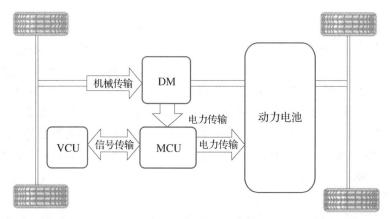

图 4 - 46　制动能量回馈模式

4. 空挡模式

挡位信号在 N 挡时,整车控制器发送给电机控制器的转矩指令为 0,电机处于自由状态,电机随着驱动轮转动。传统的燃油汽车由于发动机不能带负载起动,在塞车或等候交通绿灯时,需要让发动机怠速转动。这部分燃油不做功,降低了整车的能量利用率,同时怠速时,燃油燃烧不充分,还造成了比较大的环境污染,而电动汽车就不存在这方面的缺点。

5. 失效保护模式

为整车动力系统出现非严重故障时,车辆还可以继续行驶而不需要紧急停车。整车控制器根据故障等级,对需求转矩进行限制输出。

(七)驱动电机系统绝缘测试

北汽 EV 系列的驱动电机为永磁同步电机,具有效率高、体积小、重量轻及可靠性高等优点。为了保证安全,驱动电机必须有良好的绝缘性,绝缘测试步骤如下。

1. 检测所需工具:绝缘手套、绝缘鞋、兆欧表 FLUKE1587C

2. 检测步骤

(1)确认绝缘鞋和绝缘手套、绝缘帽正常。

(2)将低压蓄电池负极断开,并在负极接口处用胶带粘住。

(3)拔掉高压盒电机控制器输入插头。

(4)用万用表确认所测部位没有高压。

(5)正确选择兆欧表量程:500 V。

(6)检查兆欧表是否完好:将 L 端与 E 端短接,按下 TESTON - OFF 指针到 0;将 L 端与 E 端分开悬空,按下 TESTON - OFF 指针到无穷大。否则更换兆欧表。

(7)将兆欧表黑表笔接于车身,红表笔逐个测量正负极端子。

3. 标准值

电机正负极输入端子与车身(外壳)绝缘电阻值≥100 MΩ。

根据美国 Argonne 国家实验室统计数据,新能源汽车动力总成(电机、电控、变速器)的成本分别占整车成本的5.67%(轿车)和13.69%(小型货车),其中电机控制器的成本占据新能源汽车整车成本的比例约为9.5%,大约是驱动电机的两倍,总成占比仅次于电池和BMS系统,如图4-47所示。

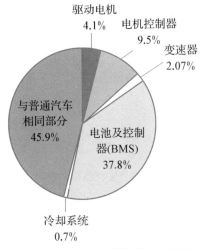

图4-47　电机控制器成本占有率

电机控制器作为新能源汽车中连接电池和电机的电能转换单元,是电机驱动系统的核心。其关键技术包含功率半导体模块、电机控制算法等。功率器件作为电机控制器的核心部件,其成本占了整个控制器绝大部分。高频化、全控型是半导体器件的趋势。电机控制器供应商需要有优秀的控制算法研发能力以及系统模块集成能力。

目前功率半导体模块主要使用IGBT模块,IGBT模块是由IGBT(绝缘栅双极型晶体管芯片)与FWD(续流二极管芯片)通过特定的电路桥接封装而成的模块化半导体产品,其生产流程,如图4-48所示。欧美和日本企业凭借产品质量高、技术领先,在IGBT市场中占据绝对优势地位,也是我国IGBT市场的主要供应商,如图4-49所示。

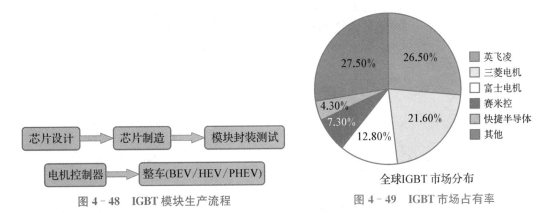

图4-48　IGBT模块生产流程　　　　　　图4-49　IGBT市场占有率

(八)变频器的功能

电动汽车中多采用矢量变频器(电机控制器)。它是整个电驱动系统的核心部分,因此它控制性能的好坏直接关系到驱动电机能否可靠、高效地运行,会影响到整个车辆的动力性能和乘客的舒适感,其型号命名规则如图4‒50所示。

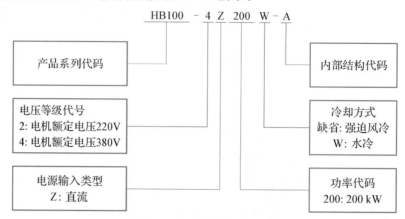

图4‒50 变频器命名规则

(九)比亚迪E5高压电控(四合一)的外部特征

该车型的高压电控总成,又称"四合一",集成两电平双向交流逆变式电机控制器模块VTOG、车载充电器模块、DC/DC变换器模块和高压配电模块以及漏电传感器,如图4‒51所示。

1. 在车辆上安装位置

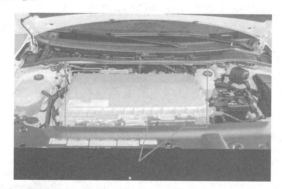

图4‒51 比亚迪E5高压电控(四合一)外观

2. 高压电控总成外部接口

表4‒1 高压电控总成外部接口说明

编号	部件	编号	部件
1	DC直流输出接插件	7	64pin低压信号接插件
2	33pin低压信号接插件	8	入水管
3	高压输出空调压缩机接插件	9	交流输入L2、L3相
4	高压输出PTC接插件	10	交流输入L1、N相
5	动力电池正极母线	11	驱动电机三相输出接插件
6	动力电池负极母线		

3.高压控制组件正前方外部接口

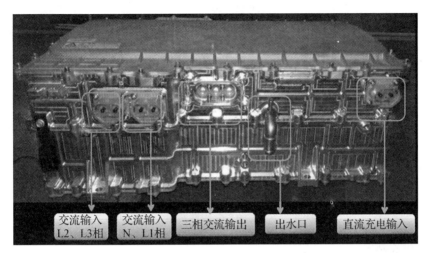

图 4-52 高压控制组件正前方外部接口

4.高压控制组件左侧外部接口

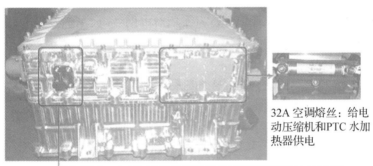

32A 空调熔丝：给电动压缩机和PTC 水加热器供电

DC-DC 低压输出：与低压电池并联给整车低压系统提供13.8V电源

图 4-53 高压控制组件左侧外部接口

5.高压控制组件后方外部接口

33pin 低压接插件

电动压缩机

PTC   电池包高压直流输入

图 4-54 高压控制组件后方外部接口

6. 高压控制组件右侧外部接口

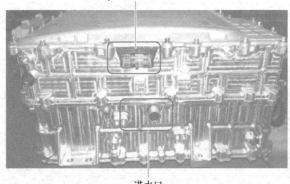

图 4-55　高压控制组件右侧外部接口

（1）电机控制器

控制器类型为电压型逆变器，主要功能如下：

① 驱动控制（放电）。

② 充电控制。

③ 另外还有 VTOG、VTOL 和 VTOV（车辆对电网放电、车辆对用电设备供电及车辆对车辆充电）功能。

（2）电机控制器防盗

电机控制器编程和密码清除，如图 4-56 所示。

图 4-56　电机控制器编程和密码清除

（3）DC/DC 变换器

DC/DC 系统框图如图 4-57 所示。

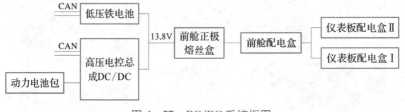

图 4-57　DC/DC 系统框图

五、EV 电机检测及更换实训

(一)驱动电机三相测试

北汽 EV 系列的驱动电机为永磁同步电机,具有效率高、体积小、重量轻及可靠性高等优点。如图 4-58 所示为北汽 EV160 驱动电机。

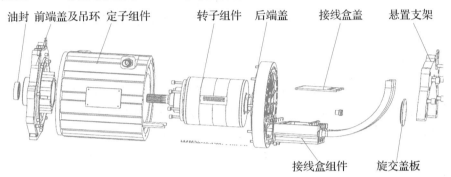

图 4-58　北汽 EV160 驱动电机

为了保证安全,驱动电机必须有良好的绝缘性,绝缘测试步骤如下。

1. 检测所需工具

绝缘手套、绝缘鞋、兆欧表 FLUKE1587C。

2. 检测步骤

确认万用表、兆欧表正常,电机外观及线路正常表面无损坏。正确选择兆欧表量程:500 V。用万用表测量相与相之间电阻:U—V 之间、U—W 之间、V—W 之间用兆欧表测量相与车辆接地端电阻:U 相与地端、V 相与地端、W 相与地端。

3. 标准值

三相与车辆接地端电阻值≥100 MΩ,电机正负极输入端子与车身(外壳)绝缘电阻值≥100 MΩ。

(二)电机旋变信号测试

在电机定子上装有旋变传感器,是一种输出电压随着转子转角变化的器件。当励磁绕组以一定频率的交流电压励磁时,输出绕组的电压幅值与转子转角成余弦函数关系,或者保持一定比例关系。

励磁绕组:产生固定频率的磁场。

正弦绕组:感应励磁绕组的磁场并产生正弦信号。

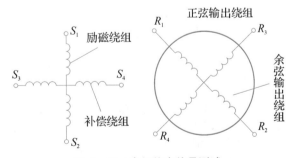

图 4-59　电机旋变信号测试

余弦绕组:感应励磁绕组的磁场并产生余弦信号。

不同极队数的定子铁芯,三种绕组都缠绕在其上。电机旋变信号波形,如图 4-60所示。

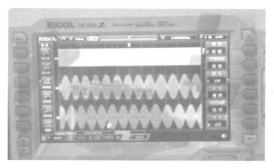

图 4 - 60　电机旋变信号波形图

下面分别介绍比亚迪 E5 分控联动系统(行云新能 INW - EV - E5 - FL)、比亚迪 E5 教学版就车检测励磁、正弦、余弦绕组电阻值以及电驱动系统实训台(行云新能 INW - EV - D1)检测大地和电机励磁、正弦、余弦绕组电阻值的操作方法。

1. 比亚迪 E5 分控联动系统(行云新能 INW - EV - E5 - FL)与比亚迪 E5 教学版就车检测励磁、正弦、余弦绕组电阻值

(1) 拆下高压电控总成插头,如图 4 - 61 所示。

端子号	定义	连接
59	励磁一	电机
60	励磁+	电机
61	余弦一	电机
62	余弦+	电机
63	正弦一	电机
64	正弦+	电机

图 4 - 61　高压电控总成插头

(2) 使用 T 形线以及万用表测量励磁、正弦、余弦绕组电阻值,如图 4 - 62 所示。

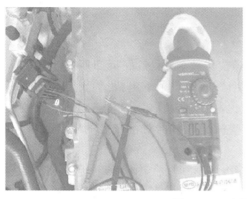

测量项	标准值/Ω
励磁绕组电阻	6.5±2
正弦绕组电阻	12.5±4
余弦绕组电阻	12.5±2

图 4‑62　电机旋变绕组检测

2. 电驱动系统实训台(行云新能 INW‑EV‑D1)检测大地和电机励磁、正弦、余弦绕组电阻值

(1) 本次操作使用电驱动系统实训台(行云新能 INW‑EV‑D1),如图 4‑63、图 4‑64 所示。

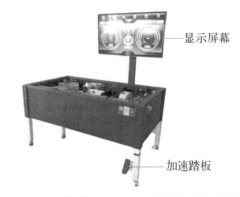

—显示屏幕

—加速踏板

图 4‑63　行云新能 INW‑EV‑D1 电驱动系统实训台

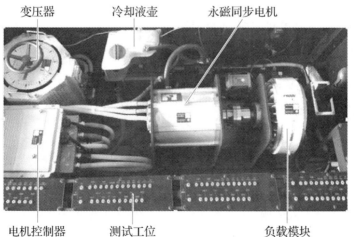

变压器　　冷却液壶　　永磁同步电机

电机控制器　　测试工位　　负载模块

图 4‑64　行云新能 INW‑EV‑D1 电驱动系统实训台内部结构

（2）使用万用表在测量台上测量励磁、正弦、余弦绕组电阻值。

（二）电机更换注意事项

电机拆卸前,要熟悉电机结构特点和检修技术要领,准备好拆卸所需工具和设备。另外,要清理现场工具,电机外表吹风清扫干净。向用户了解电机运行情况,必要时,也可做一次检查试验。将电机空转,测出空载电流和空载损耗,同时检查电机各部温度、声响、振动等情况,并测出电压、转速等数据,这些情况和数据对检修后的电机质量检查有帮助。

另外,在切断电源情况下测出电机绕组的绝缘电阻和直流电阻值,对于高压电机还可测出泄漏电流值,以备与检修后进行比较。以上检查和试验数据要详细记录下来。将冷却液排出,交错拧开用于固定变速器箱体与电机的六角法兰面螺栓(紧固力矩 79 N·m),将变速器与电机分离,如图 4-65 所示。

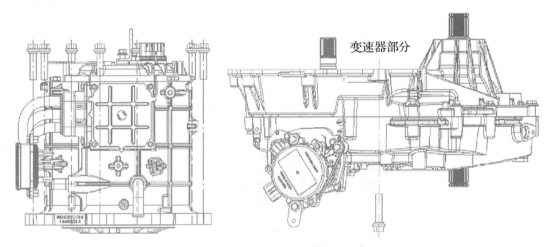

变速器部分

图 4-65　比亚迪 E5 驱动电机总成

1.电机组件的检测与更换

（1）电机内部

维修装配时都要清洁电机内部,不能有杂物。

（2）密封处

① 彻底清洗接合面。

② 接合面一定要涂抹密封胶(耐油硅酮密封胶 M-1213 型)。接合面包括:接线盒盖与箱体、端盖与箱体接合处。

（3）铭牌

接合处要用 AB 胶涂抹。

（4）卡环

① 勿过分扩张卡环,以免使其变形。如果变形,需要更换。

② 确保卡环完全卡入环槽。

（5）螺栓

电机上所有的螺栓要用螺纹胶（赛特242）涂抹紧固。如果螺栓有裂纹或者损坏，应及时更换。螺栓完成紧固后用油漆笔做标记。

（6）轴承

① 安装轴承前要用轴承加热器加热所用的轴承80 s。

② 安装过程中，采用规定的工具进行操作。

（7）润滑油

① 三相动力线束总成与箱体装配孔装配时涂抹润滑油。

② O形圈与箱体装配时涂抹润滑油。

③ 密封盖与盖板装配时要涂抹润滑油。

④ 旋变接插件、温控接插件与箱体装配时涂抹润滑油。

2. 旋转变压器或温度传感器的检测与更换

旋转变压器或温度传感器处出现问题时，需要对旋转变压器或温度传感器进行拆卸维修。在拆分过程中，请注意保护好所有零部件，防止零部件被意外损坏。

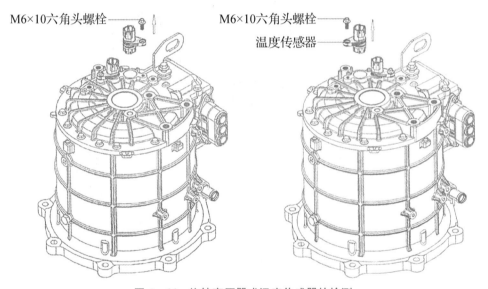

图4-66 旋转变压器或温度传感器的检测

3. 通气阀或三相电缆的检测与更换

通气阀或三相电缆处出现问题时，需要对通气阀或三相电缆进行拆卸维修。在拆分过程中，请注意保护好所有零部件，防止零部件被意外损坏。

4. 旋转变压器的检测与更换

旋转变压器处出现问题时，需要对旋转变压器进行拆卸维修。由于旋转变压器安装在电机端盖上，需要先拆卸电机端盖。在拆卸端盖前，要检查紧固件是否齐全，并记录损伤情况，以免在装配过程中有紧固件遗落在电机内部。

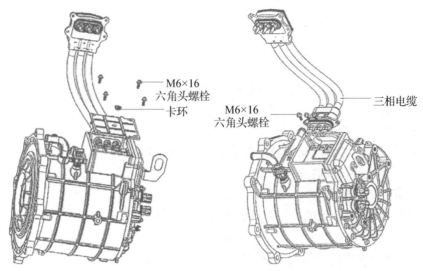

图 4‑67　三相电缆的检测

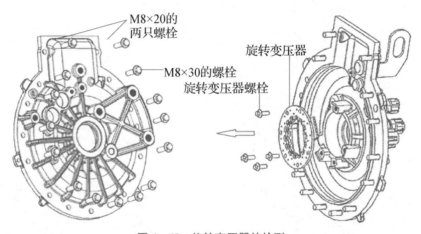

图 4‑68　旋转变压器的检测

5.电机内部零部件的检测与更换

(1) 气隙的检测

气隙是电机定转子之间的空隙,定子不转,转子需要转动,所以气隙是必须存在的。电机不同,气隙大小也不同。一般来讲,异步电机气隙小,同步电机气隙大。检测气隙的目的是检查气隙值大小和不均匀度是否符合规定。

(2) 转子的检测与更换

如图 4‑69 所示,通过检测气隙或检查,发现转子处出现问题时,需要对转子进行拆卸维修。在拆分过程中,请注意保护好所有零部件,防止零部件被意外损坏。

(3) 定子的检测与更换

如图 4‑70 所示,通过检测气隙或检查,发现定子处出现问题时,需要对定子进行拆卸维修。在拆分过程中,请注意保护好所有零部件,防止零部件被意外损坏。

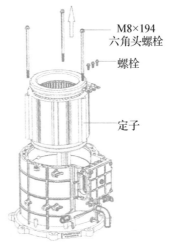

M8×194
六角头螺栓

螺栓

电机转子

定子

图 4-69　转子的检测　　　　图 4-70　定子的检测

6.电机组件装配注意事项

电机装配前,要清扫定、转子内外表面尘垢,并用沾汽油的棉布擦拭干净。清除电机内部异物和浸漆留下的漆瘤,特别是机座和端盖止口上的漆瘤和污垢,一定要用刮刀和铲刀铲除干净,否则影响电机装配质量。

任务三　纯电动汽车充电技术

一、充电桩类型与结构

驱动电机是将电能转换成机械能为车辆行驶提供驱动力,或将机械能转化成电能的装置,它具有能做相对运动的部件,是一种依靠电磁感应而运行的电气装置。电动发电机(通常被简称为电机)有如此称谓是因为它既作为电动机工作(由新能源汽车的动力电池组供能),也作为发电机工作(产生电流,为汽车的电池组充电)。

(一)快充桩简介

快充充电桩集成了充电机的作用,直接将高压直流电源通过快充接口连接到车辆。

直流充电桩基本为公共充电桩,一般由国家电网、南方电网这类电力企业建设并维护经营。直流桩接入的是 380 V 三相电压,常见的功率一般为 15 kW、30 kW、45 kW、60 kW、90 kW、120 kW、180 kW、240 kW、360 kW 等。快充桩通常布局在一些公共场合,如图 4-71 所示。

直流快充桩由于 3—5 年内主流电动汽车性能要求应该达到以下几方面:

图 4-71　直流充电桩

(1) 电池容量:20—50 kW·h

(2) 续航里程:200—500 km

(3) 百公里耗电:10—15 kW·h

(4) 充电倍率:3—10 C

按照这个性能要求,150—240 kW 的直流输出会是未来 2—3 年的趋势。

(二)快充接口电路与线束

快充接口是快充枪与车身连接的输电接口,它通过直流充电柜将高压直流电通过直流充电口给动力电池充电。

1. 快充接口电路

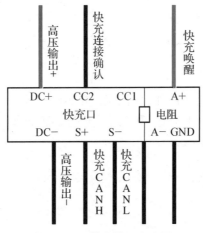

图 4‑72 快充接口电路图

2. 快充接口针脚

表 4‑2 快充接口各针脚功能

端子号	功 能
DC—	直流电源负
DC+	直流电源正
PE	车身地(搭铁)
A—	低压辅助电源负极
A+	低压辅助电源正极
CC1	充电连接确认
CC2	充电连接确认
S+	充电通信 CAN‑H
S—	充电通信 CAN‑L

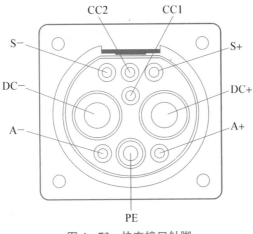

图 4-73　快充接口针脚

表 4-3　快充接口接整车低压线束接插件各针脚功能

端子号	功　能
1	A-（低压辅助电源负极）
2	A+（低压辅助电源正极）
3	CC2（充电接插器确认）
4	S+（充电通信 CAN_H）
5	S-（充电通信 CAN_L）
6	空

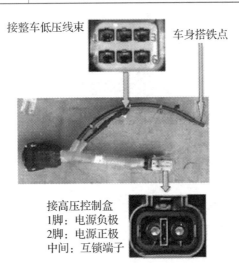

图 4-74　快充接口接整车低压线束接插件

（三）慢充桩

常见慢充充电方式主要有以下几种。

1. 便携充电

便携充电是指使用随车附带的便携充电线连接家用插座充电。

特点：充电速度很慢，因而大多为续航里程短，电池容量小的电动汽车充电采用，或者作为其他充电方式的一种补充，方便补电使用。

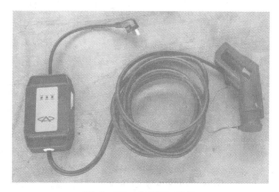

图 4-75　便携充电枪

2. 壁挂式充电

有较多类型车辆配备壁挂式充电装置，因每个厂商提供的充电装置规格不一，故充电速度不尽相同，但都能保证 6—8 小时将电动汽车电池充满。

图 4-76　壁挂式充电枪

采用双头充电枪充电时注意线两头分别连接车辆慢充接口与充电桩电源接口，连接时需注意枪头标签。

图 4-77 所示标签中充电枪为黑色，连接充电桩；图 4-78 所示标签中充电枪为蓝色，连接车辆。

图 4-77　标签中充电枪颜色　　　图 4-78　标签中充电枪颜色

（四）慢充接口针脚

表 4-4 慢充接口各针脚功能

针脚号	功　能
CP	充电控制确认线
CC	充电连接确认线
N	交流电源中性线
L	交流电源 A 相
NC1	交流电源 B 相
NC2	交流电源 C 相
PE	车身地（搭铁）

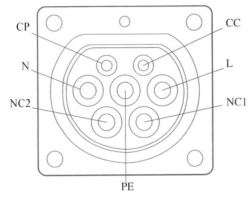

图 4-79 慢充接口针脚

车辆通过监测 CC 线的 RC 电阻值来确定充电枪提供的充电电流限值大小。充电枪 RC 电阻与允许充电电流见表 4-5。

表 4-5 各种型号充电枪对应电阻值

RC 电阻值/ Ω	最大充电电流/A
100	63
220	32
680	16
1500	10

（五）车载充电机功能与接口定义

1. 车载充电机功能

车载充电机也称为交流充电机，可为电动汽车动力电池安全、自动充满电。具有以下功能：

（1）具备高速CAN网络与BMS通信的功能，判断电池连接状态是否正确，获得电池系统参数及充电前和充电过程中整组和单体电池的实时数据。

（2）可通过高速CAN网络与车辆监控系统通信，上传充电机的工作状态、工作参数和故障警告信息，接受启动充电或停止充电控制命令。

（3）完备的安全防护措施。

2. 车载充电机外形

车载充电机一般安装在车辆的前部，与高压分配盒、电机控制器、DC/DC等总成安装在机舱内，外形带有散热片和散热风扇，上面有三个连接接口，分别是交流输入端、直流输出端、低压通信控制端。

3. 车载充电机各端子功能

（1）直流输出接口端子

如图4-81所示，端子A为动力电池电源负极输出/输入，端子B为动力电池电源正极输出/输入。

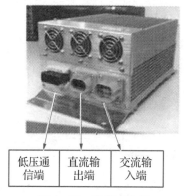

图4-80 车载充电机

图4-81 直流输出接口

（2）交流输入接口端子

表4-6 车载充电机交流输入端子各针脚功能

端子号	功 能
1	L(交流电源)
2	N(交流电源)
3	PE(车身地)
4	空
5	CC(充电连接确认)
6	CP(控制确认)

图4-82 交流输入接口

（3）低压通信控制接口端子

表 4-7　低压通信控制接口各端子功能

端子号	功　能
A1	新能源 CAN_L（通信数据线）
A2	CAN 地线
A5	高压互锁信号线输出
A8	充电机地线（低压蓄电池）
A9	新能源 CAN_H（通信数据线）
A11	CC 线与 VCU 端子 36 脚连接，慢充连接信号线
A13	互锁输入（到空调压缩机低压接插件）
A15	慢充唤醒线 12 V 输出
A16	充电机电源（低压蓄电池）12 V 输入

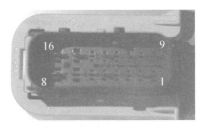

图 4-83　低压通信控制接口

4. 高压充电系统的测量

（1）慢充系统的测量

以北汽 EV200 为例，介绍慢充系统主要测量内容：

① 确认充电桩提供的工作电压范围在 187—253 V。

② 连接好充电线后，观察车载充电机指示灯情况。

③ 查看仪表显示情况。如图 4-84 所示，可以通过车辆仪表观察整车充电状态与参数，并通过故障灯判断充电是否正常进行。

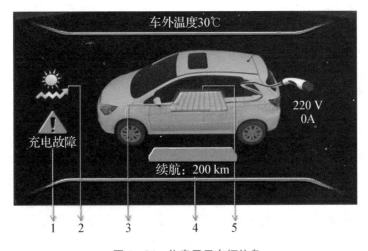

图 4-84　仪表显示车辆信息
1—充电故障指示灯；2、5—动力电池加热指示灯；3—电量指示；4—续驶里程

④ 充电状态显示。仪表主要故障灯有：充电指示灯,在电量低于30％时点亮,在电量低于10％时仪表显示"请尽快充电"用于提示电量不足,如图4-85所示;充电枪连接指示灯,在充电枪与充电接口正确连接时在仪表显示,如图4-86所示。

图4-85　充电状态　　　　　图4-86　充电枪连接指示灯

⑤ 测量充电枪和充电口情况。

⑥ 检查车载充电机本体及高压控制盒内车载充电机熔断器情况。

⑦ 检查高压控制盒与车载充电机电路情况。

⑧ 充电唤醒信号及仪表充电指示灯检查。

（2）快充系统的测量

以北汽新能源EV200为例,介绍两种故障现象的主要测量内容。

① 快充桩与车辆无法通信

快充设备工作正常;

整车控制器VBU和动力电池管理系统BMS软件版本号为最新;

检测快充口8脚与车身负极的导通情况:阻值应小于0.5 Ω;

测量快充口4脚与7脚阻值:正常为1 000 Ω;

检查充电唤醒信号;

检测车辆连接确认信号;

无通信,检测以下项目。

② 快充桩连接正常,动力电池信息正常,无充电电流

检测低压电器盒FB02熔丝完好情况;

检测熔丝盒的供电端子与FB02熔丝导通情况:阻值应小于0.5 Ω;

检测高压控制盒低压接插件1针有无电压;

检测前机舱电压电器盒熔丝与背面J8接插件的B1端子导通情况:阻值应小于0.5 Ω;

检测低压电机前机舱低压电器盒16芯接插件J8的B1针与高压控制盒低压接插件1针端子导通情况:阻值应小于0.5 Ω;

检测快充负极接触器控制信号:

a. 快充启动后测量高压控制盒低压接插件2针是否有搭铁控制电压;

b. 快充启动后测量高压控制盒低压接插件3针是否有搭铁控制电压;

测量动力电池与高压控制盒连接插件A与B的电压:应与动力电池低压一致,否则检测动力电池快充唤醒信号;

测量高压控制盒快充连接端子 A 与 B 有无电压:有则是电池问题,无则是高压控制盒问题。

二、充电桩故障诊断与排除

(一)慢充不充电的故障诊断与排除

1. 不能为动力电池充电,警告灯闪亮

故障判断:充电电路有故障。

故障排除:测量输入电压是否在 170—260 V 之间,检查充电桩与充电枪的连接是否正常,充电线是否过细,若直径小于 2.5 mm,更换充电桩及满足条件的电线。

2. 不能为动力电池充电,电源指示灯不亮

故障判断:电源没有正确连接、车载充电机损坏。

故障排除:检查充电桩供电是否正常,充电枪是否正常,充电机 CC 端是否有 12 V 电压,如果都正常,则判断车载充电机损坏,更换充电机。

3. 不能为动力电池充电,警告灯闪亮,仪表上充电机过热警告灯亮

故障判断:充电机有温度过高的故障。

故障排除:检查充电机散热风扇是否转动,散热风扇是否过脏,外表有无杂物堵塞散热风道。

4. 慢充时充电桩显示车辆未连接

故障排除:检查车辆与充电桩两端枪是否反接,充电枪车端 CC 与 PE 是否有 680/220 Ω 电阻,充电枪桩端 CC 与 PE 是否导通,VCU70 脚与 CC 是否导通。

5. 数据流显示动力电池继电器未闭合

故障排除:检查连接器是否正常连接,检查充电机输出唤醒是否正常,VCU 与 BMS 通信是否正常,BMS 内部是否有故障。

(二)快充不充电的故障排除

1. 充电桩显示车辆未连接

故障排除:检查快充口 CC1 端与 PE 端是否有 1 000 Ω 电阻,快充口导电层是否脱落,充电枪 CC2 与 PE 是否导通。

2. 用解码器读取数据,显示动力电池继电器未闭合

故障排除:检查充电桩输出正极唤醒信号是否正常,充电桩输出负极唤醒信号与 PE 是否导通,充电桩 CAN 通信是否正常。

3. 用解码器读取数据,显示电池继电器正常闭合,但无输出电流

故障排除:检查充电桩与动力电池 BMS 软件版本是否匹配。

实训任务

纯电动汽车故障检测与诊断

在规定时间内,要求以小组作业方式,严格执行高压作业安全规定,规范使用工具仪器,依据厂家技术标准和实训要求,在纯电动汽车整车上完成低压供电不正常、高压供电不正常、车辆无法正常行驶、车辆无法充电,并形成书面报告。建议采用吉利帝豪 EV 车型。

一、实训工单

		配分	扣分	判罚依据
故障现象描述				
可能的故障原因				
故障点和故障类型确认（同时需要在维修手册上指出故障位置）	※注明测试条件、插件代码和编号,控制单元针脚代号以及测量结果 ※电路图上指出最小故障线路范围或故障部件			

二、评分标准

序号	项目	评分点	说　明	配分	得分
C1	健康与安全（20分）	作业准备	□ 未检查设置隔离栏 □ 未设置安全警示牌 □ 未检查灭火器压力值(水基、干粉) □ 未安装车辆挡块 □ 未安装车外三件套或安装位置不正确 □ 操作中翼子板布、格栅布自行脱落 □ 车内四件套(方向盘、座椅、脚垫、换挡杆)少铺或未铺或撕裂 □ 未完全落下驾驶员侧车窗	4	
		人员安全	□ 未检查绝缘手套,测量高压部分线路未佩戴绝缘手套,被制止并重新佩戴 □ 未检查防电池电解液酸碱性手套外观损伤,触碰电池包部分未佩戴防电池电解液酸碱性手套 □ 未检查护目镜外观损伤,测量高压部分线路未佩戴护目镜 □ 未检查安全帽外观损伤,车辆底部作业未佩戴安全帽 □ 未检查确认电子手刹和挡位的 □ 上高压电时报告	3	
		设备使用	□ 未选择正确的绝缘测试仪(本项如果错误,绝缘测试均不得分) □ 初次使用未正确进行万用表检查(本项如果错误,高压端测试均不得分) □ 未正确连接仪器、仪表和测试设备到车辆,主要包括万用表和示波器检测探针的连接(特别是禁止黑色表笔连接到电源正极) □ 未正确操作车辆到测试条件而直接进行测试,主要包括对车辆的操作是否能正确服务于测试目的	2	
		操作规范	□ 断开各模块插头时,未先关闭点火开关,再断开蓄电池负极,并对蓄电池负极进行防护;断开高压插头没有验电 □ 完成所有任务后,按规定力矩紧固蓄电池极桩 □ 测试完成后未恢复车辆,主要包括拆卸下的部件未正确安装、点火等其他开关未正确复位	1.5	

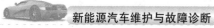
续表

序号	项目	评分点	说明	配分	得分
		安全操作	□ 操作过程中,对测试设备和车辆可能构成损坏而被制止 □ 规范操作未造成车辆保险丝烧掉 否决项:损坏车辆或设备,取消训练资格	8	
		5S规范	□ 仪器、工具、零件跌落或摆放凌乱 □ 每次测试完成后,测试设备未合理归位,主要包括设备和工具随手放在车辆或地面等不合适的位置、设备使用完成后未关闭电源 □ 未恢复工位到原标准工位布置状态	1.5	
C2	低压供电不正常 (32分)	故障现象描述	□ 在报告单上正确记录故障现象	2	
		故障原因分析	□ 在报告单上正确分析出可能的故障原因	6	
		诊断:IG1(IR02)继电器插座线路86至IP23/15线路之间断路	□ 在报告单上正确记录 □ 在电路图中指出故障区间	4	
		维修:测量并展示修复后线路连接情况	□ 由老师恢复断路的线路	4	
		故障现象描述	□ 在报告单上正确记录故障现象	2	
		故障原因分析	□ 在报告单上正确分析出可能的故障原因	6	
		诊断:IP22a/3至IF01下游插座之间线路电阻过大	□ 在报告单上正确记录 □ 在电路图中指出故障区间,并测量阻值(1 000 Ω左右)	4	
		维修:测量并展示修复后线路连接情况	□ 由老师恢复电阻过大线路	4	

续表

序号	项目	评分点	说 明	配分	得分
C3	高压供电不正常（24 分）	故障现象描述	☐ 在报告单上正确记录故障现象	2	
		故障原因分析	☐ 在报告单上正确分析出可能的故障原因	4	
		诊断：主继电器（ER05）触点不闭合	☐ 在报告单上正确记录 ☐ 在电路图中指出元件的损坏部位	3	
		维修：正确测量并更换 ER05	☐ 对更换的 ER05 进行正确测量、展示	3	
		故障现象描述	☐ 在报告单上正确记录故障现象	2	
		故障原因分析	☐ 在报告单上正确分析出可能的故障原因	4	
		诊断：EF19 下游插座至 CA66/50 线路断路	☐ 在报告单上正确记录 ☐ 在电路图上指出故障区间	3	
		维修：测量并展示修复后的线路连接情况	☐ 由老师恢复断路的线路	3	
C4	车辆无法正常行驶（12 分）	故障现象描述	☐ 在报告单上正确记录故障现象	2	
		故障原因分析	☐ 在报告单上正确分析出可能的故障原因	4	
		诊断：CA67/86 - CA44b/4 与 CA67/96 - CA44b/1 线路对调	☐ 在报告单上正确记录 ☐ 在电路图中指出故障区间	3	
		维修：测量并展示修复后线路连接情况	☐ 由老师恢复对调的线路	3	
C5	车辆无法充电（12 分）	故障现象描述	☐ 在报告单上正确记录故障现象	2	
		故障原因分析	☐ 在报告单上正确分析出可能的故障原因	4	
		诊断：BV10/55—中间铰接点线路断路	☐ 在报告单上正确记录 ☐ 在电路图上指出故障区间	3	
		维修：测量并展示修复后的线路连接情况	☐ 由老师恢复断路的线路	3	
		合　计		100	

课后练习

一、选择题

1. 电动汽车四大电器件中将电能转换成机械能的装置是（　　　）。

A. 电机   B. 充电器   C. 控制器   D. 电池

2. 电动汽车整车分为车体（铁件）、塑件和（   ）三大类。

A. 电器件   B. 电缆线   C. 车轮   D. 车架

3. 电动汽车通常使用的都是（   ）电机。

A. 交流   B. 直流   C. 交流或直流   D. 两者都不是

4. 不属于异步电机的优点的是（   ）。

A. 结构简单   B. 坚固耐用   C. 运行可靠   D. 成本高

5. 不属于电动汽车优点的是（   ）。

A. 续航能力强   B. 环保   C. 噪声小   D. 能源效率高

6. 在电气设备中，广泛利用电磁铁将电能转变为（   ）。

A. 电能   B. 热能   C. 机械能   D. 化学能

7. 高压 3 kV、6 kV 电机的定子绕组端部各部位的最小对地绝缘距离，对于 A、E 级复合式绝缘一般为（   ）mm。

A. 40、15   B. 35、25   C. 45、20   D. 35、15

8. 一般三相电源，通常都联成（   ）。

A. 三角型或星型   B. V 型   C. Z 型   D. 星型

9. 在额定电压下，开关能可靠切断的最大电流叫作（   ）。

A. 额定开断容量   B. 额定开断电流   C. 极限开断电流   D. 极限电压

10. 弧隙电压取决于（   ）。

A. 灭弧室结构   B. 灭弧介质   C. 开断速度   D. 电网参数

二、判断题

1. 锂离子电池是常用的电动汽车用动力电池。   （   ）

2. 镍氢电池的缺点在于有毒、价高、高温充电性差。   （   ）

3. 铅酸蓄电池的比能量要比锂电池高很多。   （   ）

4. 电解液的温度在 10—35 ℃范围内每升高或降低 10 ℃时，蓄电池的容量相应增加或减小 8%—10%。   （   ）

5. 导体的内阻与电流的大小有关。   （   ）

6. 电解液的浓度、温度和量对蓄电池的使用寿命没有影响。   （   ）

7. 蓄电池在使用中每 50 次充放循环要进行一次恢复容量充电，然后按 5h 放电率进行放电。   （   ）

8. 导体中的电流与导体两端的电压成正比，与导体的电阻成反比。   （   ）

9. 导体在磁场中做切割磁力线运动或导体周围磁场发生变化时，导体上就会产生感应电动势。   （   ）

10. 磁场的强弱与导体通过的电流的大小有关，电流越大，磁场越强。   （   ）

混合动力汽车故障
诊断与排除

项目五

项目说明

　　混合动力车辆和传统汽车相比，在结构上增加驱动机，动力电池及高压控制系统等部件。因此混合动力系统是综合不同动力单元，以最大限度地发挥各自长处，弥补其他方面短处的新一代动力系统。一个典型油电混合动力系统将发动机高转速下高效率与电动机低转速下的大转矩以最有效方式结合起来，在保持低油耗同时实现出色的行驶性能。

项目目标

- 1. 了解混合动力汽车动力电池包结构与原理
- 2. 掌握电池管理器原理和控制策略
- 3. 掌握动力电池热管理技术运用与原理
- 4. 能判断并修复简单混合动力汽车常见故障
- 5. 掌握动力电池包及驱动电机控制器检测与诊断思路

教学内容

　　在维修混合动力汽车常见故障中车辆无法启动，EV 模式与 HEV 模式相互不能转换。车辆行驶与高压电气系统中动力电池包、电池管理系统、电机控制器以及充电系统有关，因此要想诊断上述故障不仅要掌握新能源高压电气控制原理，还要掌握动力电池包和电机控制器检测与故障诊断思路。本项目通过四个任务学习内容，掌握混合动力汽车常见故障检测与诊断技巧。

任务一　混合动力汽车电池包及高压部件

一、国内混合动力汽车电池参数

动力电池包主要由动力电池模组（分 10 个模组，共 152 个单体）、动力电池串联线、动力电池采样线、电池信息采集器、接触器、保险、电池包护板、安装支架组成。具体参数包括：每个单体 3.3 V，共 216 节单体，分成 8 个模组。动力电池标称电压为 712.8 V。电池内部的安全装置包括：1 个漏电传感器、16 个采集器、1 条采样线、2 个分压接触器和 1 个负极接触器。

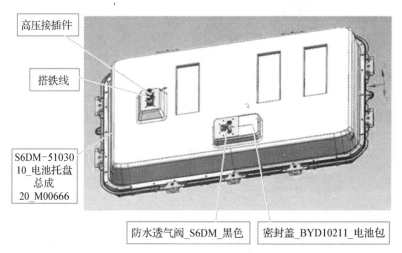

图 5 - 1　混合动力汽车电池包参数

（一）整车实物图

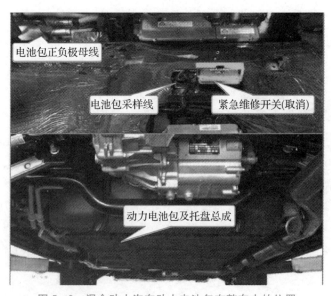

图 5 - 2　混合动力汽车动力电池包在整车中的位置

（二）动力电池包内部结构

1. 动力电池包（BIC）分布

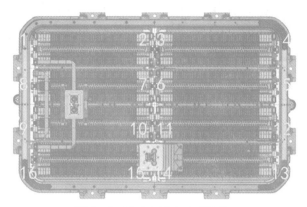

图 5-3 动力电池包内部结构

2. 漏电传感器（5♯模组）/搭铁线安装位置

图 5-4 漏电传感器搭铁线安装位置

（1）漏电传感器检测

如图 5-5 所示，漏电传感器主要检测与动力电池输出相连接的负极母线与车身底盘之间的绝缘电阻，负极母线-车身绝缘阻值 R 在 100 Ω/V$<R\leqslant$500 Ω/V 时为一般漏电；$R\leqslant$100 Ω/V 时为严重漏电。

图 5-5 漏电传感器

（2）漏电传感器针脚定义

2pin 接插件			
针脚	定义	针脚	定义
1	（漏电检测）接电池包负极	2	（自检）接电池包负极

12pin 接插件			
针脚	定义	针脚	定义
3	CAN-L	9	CAN-H
4	严重漏电	10	一般漏电
5	GAN（GAN 屏蔽地）	12	GND（电源地）
6	12 V（双路电）	其余	预留

图 5-6 漏电传感器针脚定义

（3）漏电传感器电路

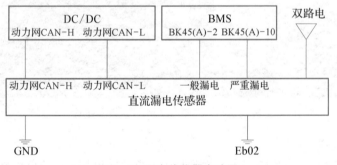

图 5-7 漏电传感器电路图

检测流程：

① 拔下 K161 低压接插件。

② 用万用表测量 K161-G 引脚对地电压是否为 12 V。12 V 说明供电正常，反之漏电传感器故障。

③ 测试双路电线路是否正常，不正常则为线束故障，更换线束。结论：更换电池管理器。

二、动力电池包拆装流程

（1）将车辆退电至 OFF 挡，拆下后排座椅，断开维修开关，等待 5 min。

（2）拆掉行李箱内饰护面和动力电池包密封罩的前后封板,如图5-8所示。

图5-8　动力电池包密封罩

（3）用万用表检测电池是否漏电。

（4）佩戴绝缘手套,用套筒依次拆卸掉每一根动力电池、维修开关线束、动力电池包正负极线束固定螺栓,同时取下每一根动力电池串联线、维修开关线束、动力电池包正负极线束。

（5）用一字螺钉旋具撬开动力电池采样线固定卡扣,拔掉所有动力电池采样线与电池信息采集器连接的接插件。

（6）佩戴绝缘手套,用套筒拆卸掉每个动力电池模组四个角的固定螺栓。

（7）佩戴绝缘手套,从行李箱处取出动力电池模组,更换新的模组。

（8）分别检测电池模组的漏电情况,检测方法和拆卸检测一致,若无问题,请进行后面的操作。

（9）佩戴绝缘手套,用套筒安装好每个动力电池模组四个角的固定螺栓。

（10）佩戴绝缘手套,依次安装上每一根动力电池、维修开关线束、动力电池包正负极线束,同时用套筒拧紧固定螺栓。

（11）将动力电池采样线上的接插件与电池信息采集器一一对应并插入,听见"咔"的响声即可,卡上动力电池采样线卡扣。

（12）插上维修开关手柄,上电检查动力电池问题是否已解决,若无问题,则进行后面的操作。

（13）安装好动力电池包密封罩的前后封板、行李箱内饰护面和后排座椅。

三、高压蓄电池的热量管理

必须对高压蓄电池进行调节,以便以最佳方式利用其性能容量。高压蓄电池设计用于-30—50 ℃的工作范围。低于-30 ℃时,高压蓄电池允许的电流限制为0A,此时将不能再激活车辆的驱动系统。从 55 ℃ 开始,高压蓄电池的电流以线性方式降低到 60 ℃ 时的极限。高于 60 ℃ 时,将断开电源接触器,或者如果车辆准备好运行,则接触器不闭合。拆下的高压蓄电池可存储在 −40—60 ℃ 之间的温度下。

单电池模块的热量管理通过具有以下要素的控制回路执行:

(1) CMC 中单电池模块内部的温度测量。

(2) 从相应的单电池模块通过总线传输到高压蓄电池的控制单元。

(3) 通过 PWM 信号控制冷却液流向高压蓄电池的冷却液泵的流速。

(4) 冷却液通过高压蓄电池框架底侧的热交换器将热能传递到铝制底座。

(5) 热能在导热膏的帮助下通过铝制底座流到单电池模块外壳并调节单电池温度。

蓄电池模块配有导热膏,可以更好地将模块的底面与高压蓄电池框架之间的热量传递到冷却板。除了改善热量传递效果之外,导热膏还具有填充模块底面和框架之间任何不平整处的任务。高压蓄电池在低温冷却回路中冷却。蓄电池模块通过导热膏将热量传递到蓄电池壳体。冷却液流过散热器,散热器通过导热黏合剂与蓄电池壳体黏合并由弹簧座圈加载。冷却液的温度通过高压蓄电池的冷却液温度传感器 1 和 2 在高压蓄电池的上游和下游进行测量。冷却液通过高压蓄电池的冷却液泵在高压蓄电池中循环。如果低温回路中的冷却不再充分,则可以使用蒸气在制冷剂回路中通过冷却液进行冷却。在低温下,可通过高压加热器(PTC)对高压蓄电池进行加热,例如在充电过程中。

四、典型常见故障检测与诊断

(一)动力电池

动力锂电池种类很多,在用车中比较成熟的是使用磷酸铁锂电池和三元锂电池。其中,磷酸铁锂动力电池,循环寿命达到 2 000 次以上,标准充电(5 小时)使用,可达到 2 000 次。在同样条件下使用,理论寿命将达到 7—8 年。还具备高温性能好、大容量、无记忆效应、重量轻、环保等优点。动力电池多安装于车辆底部,对防水等级要求非常高。

(二)电池管理系统(BMS)

电池管理系统功能模块主要实现对电池电压、温度和电流信号的采集,进一步预测电池当前的荷电状态(SOC)、电池当前的健康状态(SOH),预测电池在充放电过程中电池本身所允许的充放电电压限值和充放电电流限值。BMS 功能模块还能实现对高压系统的管理:预充电过程实现高压的安全接通,环路互锁以及绝缘监测功能,实现对高压系统的有效监测和诊断,从而实现动力的安全使用。同时 BMS 功能模块还具有过压、欠压、过温、低温、过流等系统故障诊断功能。BMS CAN 通信模块实现 CAN 消息的接收与发送,与整车控制器(VMS)和车载充电器(CM)通信。BMS 具有集成化程度高、功能稳定的特点,还起着连接电池本体和整车控制器的桥梁的作用。

BMS 上述各功能模块主要有以下作用:检测动力电池端电压,过充过放保护;均衡化电池组(当电池单体间的电压差达到 15% 以上时,就对电池进行均衡化充电);温度控制及热量管理;安全管理高压安全互锁、预充电控制、绝缘监测、高低压保护、接地故障监测等功能;具备 CAN 通信接口。

（三）电机控制器（MCU）

电机控制器安装在前舱内，为风冷式结构，直流母线输入，三相线输出。主要功能有：电动模式下的电机工作电流、运行速度；驱动控制直流母线电压为 60 V 的永磁同步电机的运行；电机输出扭矩的分配比例管理；具备 CAN 通信接口。

（四）车载充电器

车载充电器安装在前舱内。配有车载智能充电机、专用线缆及接插头，充电时先将充电缆一端与车载充电接口接插牢固以后，再将另一端与合适的家用 220 V，16 A 电源插座接插。

（五）典型故障处理方法

1. 整车控制器故障处理方法

（1）整车不能 Ready，主要原因可能有：电机控制器、BMS、VCU 的低压插头连接不可靠；高压电池的手拉保险未连接；高压箱中预充电电阻异常；CAN 总线通信异常；电机控制器高压检测异常；挡杆信号或挡位异常（整车只能 P 挡和 N 挡时启动）；充电时不能 Ready 或者控制策略设计异常等。

（2）整车 Ready 后不能行驶，主要原因可能有：空调压缩机、电机控制器、电机、电池的绝缘异常；电池温度过高、电池单体电压异常；电池温度过高、电池单体电压异常；电机、电机控制器温度过高；CAN 总线通信异常（CAN 屏蔽不可靠，电磁干扰过大）；制动开关异常（如制动开关安装不可靠，整车控制器始终认为是踩刹车状态）；挡杆信号或挡位异常（如无法切换至 D 挡或 R 挡）等。

（3）整车行驶中异常，主要原因可能有：高压电池电量过低；电池温度过高、电池单体电压异常；电机、电机控制器温度过高；CAN 总线通信异常（如 CAN 屏蔽不可靠，电磁干扰过大）；DC/DC 工作异常，使低压系统工作异常。

需要说明的是，不同车型原因不尽相同，但参考意义明显。

2. 电机控制器常见故障处理方法

（1）第一次上电后，电机不转，电机温度超过极限温度，一般的排除方法为：检查电机温度信号是否正常，接插件是否可靠连接，或更换电机温度传感器等。

（2）第一次上电后，电机出现爬行，不响应电机转矩指令，一般的排除方法为：检查电机转子位置信号是否正常，接插件是否可靠连接。

（3）第一次上电后，电机出现剧烈抖动，一般的排除方法为：检查电机转子位置信号是否正常，检查电机三相连接是否一一对应，该故障通常是由于相序不对造成。

（4）第一次上电后，电机通信不正常，一般的排除方法为：检查控制电源是否上电，开启电机控制器盖板，检查控制口接插件是否正常连接。

（5）电机运行过程中，电机和电机控制器温度上升很快，并达到极限值，一般的排除方法为：检查电机和电机控制器水冷系统是否正常运行。

（6）电机加速度工况出现电流超过极限值，一般的排除方法为：由于剧烈的变化，导致相电流出现过流后，系统复位后，可重新加转矩指令。

需要说明的是,不同车型原因不尽相同,但参考意义明显。

(六)高压电维修注意事项

由于电动汽车维修时属于高压安全范围,可能存在一定危险,在选择工具、量具、安全防护措施等方面需要格外注意。

1. 高压安全护具、工具的准备

安全护具一般有绝缘手套、绝缘鞋、护目镜、绝缘垫等。测量工具一般有高压电源万用表、钳形电流表、绝缘棒、绝缘钳子、绝缘螺丝刀等。

2. 高压系统操作说明

电动汽车高压系统需专业人员进行维修,经过与装配技术及售后服务技术多次验证,一般应注意以下多个方面。

(1)实施配线或卸载配线时,务必关闭电源。切断高压主电源15分钟后便用电压表测量直流母线间电压,如电压值大于60 V时,勿触摸内部电路及零件。

(2)正确连接直流母线正、负端和电机三相线等。同时确认直流母线与外部电源正、负端,电机三相线与电机控制器的三相连接端是否一一对应。

(3)对电机控制器施加转矩指令前,必须确保电机温度和位置传感器信号接口可靠连接。检查电机控制器上传电机温度信号是否在正常范围内。

(4)请勿将外部电源与电机端子直接连接。

(5)直流母线电压上电前,必须确保12 V、24 V控制电源可靠接通,电机及其控制系统与整车通信正常。在断开12 V/24 V控制电源前,必须确认直流母线电压已经低于60 V。

(6)电机三相线的屏蔽线需要与车体可靠连接,以确保系统正常工作。

(7)控制器及电机标有搭铁标识的位置,请用截面积不小于16 mm² 的电缆可靠连接到车身结构处。

(8)电机控制器内部的电子元件对静电敏感,不可将异物置入内部或触摸电路板。

(9)尽量减短电机和控制器、供电设备和控制器之间的连接。

(10)在安装时,避免电机及其控制器与其他质地坚硬的物体进行碰撞,避免进出水口受到损坏,避免所有的安装线受到损伤。

(11)安装螺丝请按照安装要求中的扭矩值施加,超过此值或致物理性损坏。

(12)控制器在运输、摆放、安装、维护的过程中必须保持平放状态,禁止倒放。

(13)控制器中含有对高压敏感的功率器件,禁止使用摇表等绝缘设备测试控制器正负极、电机相线输出中的任何金属部分。

(14)电机在拆装过程中,注意三相线以及信号线不要被划伤。

(七)新车下线后需要检测的关键点

由于混合动力汽车产量不高,装配工艺还不太成熟,导致了某些故障。若将这些故障解决,可大大减少故障率。经过多个专家总结归纳,总结出了新车下线后需要检测的关键点。这样,只要装配工厂的质量检查员在新车下线后对关键点进行仔细检查,故障率会大大降低。

新车下线后需要检测的关键点:检测蓄电池12 V电压是否正确,通常可以正常工作的蓄电池电压应该在9—16 V;检测 CAN 网络是否正常;检查保险盒所有保险是否正常;检查高压配电箱、DC/DC、电池包、车载充电机、变频器等设备的航插是否接好;检查维修插销是否装好;检查低压线束搭铁是否良好等。

（八）日常维修注意的问题

加强日常的检查与保养工作,维修时必须有专业资质的人员进行维修,避免不必要的伤害,主要掌握以下几点。

1. 正确掌握充电时间

在使用过程中,应根据实际情况准确把握充电时间,参考平时使用频率及行驶里程情况,把握充电频次。正常行驶时,如果电量表指示红灯和黄灯亮,就应充电。如只剩下红灯亮,应停止运行,尽快充电,否则电瓶过度放电会严重缩短其寿命。充满电后运行时间较短就充电,充电时间不宜过长,否则会形成过度充电,使电瓶发热。过度充电、过度放电和充电不足都会缩短电瓶寿命。一般情况下,蓄电池平均充电时间在 10 小时左右。充电过程中如电瓶温度超过 65 ℃,应停止充电。

2. 保护好充电器

一般的使用说明书上面都有关于保护充电器的说明。很多用户没有看说明书的习惯,往往出了问题以后才想起找说明书看,为时已晚,所以先看说明书是非常必要的。为了降低成本,现在的充电器基本上都没有做高耐振动的设计,这样,充电器一般不要放在后备厢中。特殊的情况下,必须要移动,也要把充电器用泡沫塑料包装好,防止发生振动的颠簸。很多充电器经过振动以后,其内部的电位器会漂移,使得整个参数漂移,导致充电状态不正常。另外需要注意的就是充电的时候要保持充电器的通风,否则不但影响充电器的寿命,还可能发生热漂移而影响充电状态。这样都会对电池形成损伤。所以,保护好充电器是非常重要的。

3. 定期深放电

有些电池定期进行一次深放电有利于"活化"电池,可以略微提升电池的容量。一般的方法是定期对电池进行一次完全放电。完全放电的方法是在平坦路面正常负荷的条件下行车到第一次欠压保护,特别强调第一次欠压保护。电池在第一次欠压保护以后,经过一段时间,电压还会上升,又恢复到非欠压状态,这时如果再使用电池,对电池的伤害很大。在完成完全放电以后,对电池进行完全充电,电池容量有所提升。

4. 每天充电

即便对续航能力要求不长,充一次电可以使用 2 到 3 天,但还是建议每天充电,这样使电池处于浅循环状态,电池的寿命会延长。一些早期使用手机的用户以为电池最好是基本使用完了以后再充电,这个看法是不对的,铅酸蓄电池的记忆效益没有那么强烈。经常放完电对电池的寿命影响比较大。多数充电器在指示灯变灯指示充满电以后,电池充入电量可能是 97%—99%。虽然仅仅欠充电 1%—3% 的电量,对续航能力的影响几乎可以忽略,但是也会形成欠充电积累,所以电池充满电变灯以后还是尽可能继续进行浮充电,对抑制电池硫化也是有好处的。

5. 严禁存放时亏电

蓄电池在存放时严禁处于亏电状态。亏电状态是指电池使用后没有及时充电。在亏电状态下存放电池,很容易出现硫酸盐化,硫酸铅结晶物附着在极板上,会堵塞电离子通道,造成充电不足,电池容量下降。亏电状态闲置时间越长,电池损坏越重。因此,电池闲置不用时,应每月补充电一次,这样能较好地保持电池健康状态。

6.定期检查

在使用过程中,如果电动汽车的续航里程在短时间内突然大幅度下降十几公里,则很有可能是电池组中最少有一块电池出现问题。此时,应及时到销售中心或代理商维修部进行检查、修复或配组。这样能相对延长电池组的寿命,最大程度地节省开支。

任务二 比亚迪 DM－i 系统技术要点解析

作为 DM－i 混合动力系统的重要组成部分,比亚迪汽车搭载全新骁云-插混专用 1.5L 和 1.5T 两款发动机。其中骁云 1.5T 发动机正式搭载量产车型宋 PLUS,在动力性能和热效率上有了飞跃。

图 5-9 秦 PLUS、宋 PLUS DM－i 和唐 DM－i 三款车型

图 5-10 DM－i 混合动力系统结构模型

一、DM-p与DM-i混合动力系统的差异

比亚迪车型混合动力系统的宣传重心更多偏重于动力性能,如早期秦的"0—100 km/h加速时间5.9 s"和唐的"542科技"(即0—100 km/h加速时间4.9 s,搭载电四驱,百公里油耗仅2 L)就是很好的例子。

比亚迪DM-p及其之前三代DM系统的确用性能捕获了不少消费者的眼球,也是其获取订单的突出产品力所在。随着国内汽车消费市场的逐渐成熟,越来越多的消费者购车心态回归理性,开始追捧动力够用,节能效果出众的汽车产品。DM-i混合动力系统正是为了满足这部分消费者需求而推出的产品。其中的i表示intelligent,指的是智慧、节能和高效。

表5-1　比亚迪最新混合动力系统参数对比

混动系统分类	DM-P	DM-i		
应用车型	汉DM	秦PLUS	宋PLUS DM-i	唐DM-i
发动机	2.0 T	1.5 L	1.5 L	1.5 T
发动机最大马力	192马力	110马力	110马力	139马力
发动机最大扭矩	320牛·米	135牛·米	135牛·米	231牛·米
电动机数量	1	1	1	1
电动机位置	后置	前置	前置	前置
电动机最大功率	180千瓦	132/145千瓦	132/145千瓦	145/160千瓦
电动机最大扭矩	330牛·米	316/325牛·米	316/325牛·米	325牛·米
系统综合功率	321千瓦	160/173千瓦	160/173千瓦	173/254千瓦
系统综合扭矩	650牛·米	—	—	—
0~100 km/h加速时间	4.7秒	7.3/7.9秒	7.9/8.5秒	8.5/8.7秒
工信部综合油耗	1.4 L/100 km	1.3 L/100 km	—	—
亏电油耗	—	3.8 L/100 km	4.4 L/100 km	5.3 L/100 km
工信部纯电续航里程	81公里	55/120公里	51/110公里	52/112公里
电池能量	15.2千瓦时	8.32/18.316千瓦时	—	—

如表5-1所示,从参数对比可以看到,骁云-插混专用1.5L和1.5T发动机的动力输出参数并不突出,但其0—100 km/h的加速性能并不弱,秦PLUS和宋PLUS DM-i能达到搭载1.5T发动机的同级燃油车的动力水平,唐DM-i能达到搭载2.0T发动机的同级燃油车的动力水平。能够实现这样的效果,最为关键的是DM-i系统上匹配的高效电动机。在用户深踩油门提速时,电动机能够和发动机一起对外输出动力,以获得足够好的车辆加速性能。与此同时,由于电动机的介入,使得发动机能够在热效率较高的区间运转,从而降低燃油的消耗。从厂家公布的亏电油耗来看,搭载DM-i系统的车型具备与丰田或本田混合动力车型正面竞争的实力。

唐DM-i只有在深踩油门时,发动机才会介入工作,整体动力表现算不上劲爆,但可以用充沛来形容,整套动力系统的动力输出和响应性能可满足大部分消费者日常驾驶的需求。

如果用一句接地气的话来形容这台车就是"开起来不肉,同时又很节油"。

如今的油电混合动力汽车时代,发动机在汽车动力系统之中不再是主角,它有了一个出色的好搭档——电机。电机充沛的特性能够大大地提升车辆起步提速性能,优化用户体验,同时它也能够在较大的范围内分担发动机的负载,从而让发动机尽可能地工作在经济油耗区(特定转速、特定负载的高节油率工况区间)。

混合动力系统中的发动机工作变得更专一,所以在技术配置方面与那些注重性能表现的传统汽油发动机有一定区别。对比来看,比亚迪 DM-i 混合动力系统的专用发动机在技术上就显得相当有特色了。

二、骁云-插混专用 1.5L 发动机

如图 5-11 所示,骁云-插混专用 1.5L 发动机采用了阿特金森循环工作模式和 15.5∶1 的超高压缩比,就这两个技术特性就表明这款发动机走的是高燃效的节油路线。与阿特金森工作循环及 15.5∶1 的超高压缩比相匹配的并非高端配置,而是歧管喷射(也称为"多点电喷")和进气侧可变气门正时机构(下简称为"VVT")。与目前市面上主流采用缸内直喷和进/排气侧双 VVT 发动机相比,骁云-插混专用 1.5L 发动机在技术配置上确实有点落伍。

前面也提到混合动力发动机作为一个执行机构,工作在部分高效工况区,发动机在该工作区工作不再需要排气侧 VVT 和直喷系统根据转速和负载来进行复杂的调节。省去这两个配置除了能够降低生产成本外,还能够简化发动机结构,进一步提升发动机的可靠性。

如图 5-12 所示,两条独立油轨都安装在进气歧管上,向进气歧管内喷射雾化的汽油。靠近发动机缸盖进气口的喷油嘴主要是为了提升发动机动力响应而设置的,远离发动机缸盖进气口的喷油嘴主要是为了让汽油与空气更好地混合而设置的。除了对发动机结构做减法外,比亚迪骁云-插混专用 1.5L 发动机还去掉了启发电一体机,换用电动空调压缩机和电动水泵。这能够进一步降低发动机附件对动力的损耗。由于无须使用皮带驱动发动机附件,比亚迪骁云-插混专用 1.5L 发动机也就没有附件驱动皮带这个零部件了。

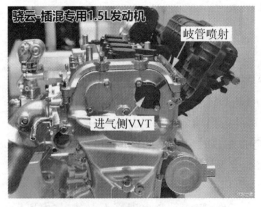

图 5-11　骁云-插混专用 1.5L 发动机

图 5-12　骁云-插混专用 1.5L 发动机改进零件

骁云-插混 1.5L 发动机采用了集成式排气歧管,有利于实现快速暖机,从而降低润滑油黏度,降低部件运转阻力,最终实现提升节油率的目的。同时,该发动机还采用了分体式水冷系统,缸体和缸盖有自己单独的冷却循环,可按需分配缸体和缸盖的冷却量,可实现快速暖机以及增强高负载工况下的散热能力,如图 5 - 13 所示。

图 5 - 13　水冷式废气再循环装置

三、骁云-插混专用 1.5T 发动机

骁云-插混专用 1.5L 发动机采用的是米勒循环工作模式,和阿特金森循环一样,它也是一种膨胀比大于压缩比的发动机工作模式(活塞做功行程大于压缩行程)。这款发动机的压缩比为 12.5∶1,热效率达到 40%。

如图 5 - 14、图 5 - 15 所示,在发动机处于低转速时,缩小面径比,能够提升流经涡轮的废气流速,从而提升涡轮的响应,消减涡轮迟滞现象。发动机处于高转速时,增大面径比,能够降低流经涡轮的废气流速,从而降低排气背压,这有利于降低气缸内的废气残留量,对提升压缩比和燃效有积极意义。

图 5 - 14　可变截面涡轮增压器

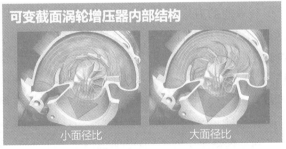

图 5 - 15　可变截面涡轮增压器内部结构

骁云-插混专用 1.5T 发动机同样去掉了启发电一体机,换用电动空调压缩机和电动水泵,以进一步提升发动机的运转效率,同时也让整机变得更为轻巧。

四、EHS 机电耦合系统

如图 5-16 所示，EHS 机电耦合单元采用双电机设计，其中一个电机为驱动电机，另一个电机为发电机。该机电耦合单元能够实现发动机动力和驱动电机动力的串联或并联输出。驱动电机最高转速可达 16 000rpm，最高效率达到 97.5%，效率大于 90% 的区间占比为 90.3%。油冷技术的使用提升了电机散热能力，使得电机的功率密度达到了 44.3 kW/L。集成在 EHS 上的电机驱动单元采用了比亚迪自主研发的 IGBT 4.0 功率半导体器件，电控综合效率达到 98.5%。

如图 5-17 所示，比亚迪这套 EHS 系统在设计上传承自 F3DM 车型的 DM 1.0 混合动力系统。但从动力传递路线图来看，比亚迪 EHS 系统的工作原理又与本田 i-MMD 混合动力系统有一定的相似之处。

图 5-16　EHS 机电耦合单元

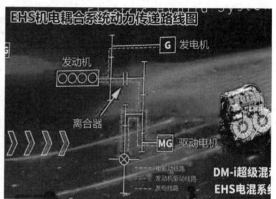

图 5-17　EHS 机电耦合系统动力传递路线图

从目前的试驾体验来看，比亚迪 EHS 系统的工作逻辑也与本田 i-MMD 系统很像，中低速主要用电机驱动车辆，高速使用发动机直接驱动车辆，驱动电机作为动力辅助。

五、刀片电池

比亚迪的刀片电池则基于其所擅长的磷酸铁锂技术，电池单体依旧选用大容量方形电池，但电芯形状更加扁平、窄小（长边可以定制变化，单体最大稳定长度可以达到 2 100 mm），因此形象化地取名为"刀片"。如图 5-18 所示，这些"刀片"通过阵列的方式排布电池壳体内部，就像"刀片"一样插入电池包里面。一方面可提高动力电池包的空间利用率，增加能量密度；另一方面能够保证电芯具有足够大的散热面积，可将内部的热量传导至外部，从而匹配较高的能量密度。如图 5-19 所示，DM-i 混合动力系统的电池包电量 8.3—21.5 kW·h 之间。根据车型的不同，电池包内集成 10—20 个电池单体。大电池单体＋无模组设计使得 DM-i 混合动力系统电池组的零部件减少了 35%。

刀片电池采用的是磷酸铁锂电池技术，在安全系数和循环充放电寿命上要优于市场上主流的三元锂离子电池。刀片电池的结构设计有利于进一步提升电池包内部的空间利用率，可以在有限体积的电池包内放入更多的电芯，从而提升电池包能量密度。这使得磷酸铁锂电池与三元锂离子电池在电芯能量密度较量中的弱势得以弥补。

图 5‑18 DM‑i 混合动力系统刀片电池

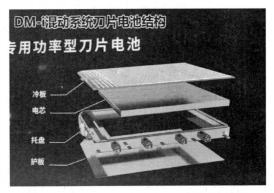

图 5‑19 DM‑i 混合动力系统刀片电池结构

DM‑i 混合动力系统的刀片电池是全球首款采用脉冲自加热技术的电池,更好的电池加热性能使搭载 DM‑i 混合动力系统的车型即使在寒冷的地区也能拥有始终如一的纯电续航和动力输出表现。

DM‑i 混合动力系统的刀片电池具有高功率、大容量和低内阻的特点,除了支持 3.3 kW 和 6.6 kW 的交流慢充系统外,还支持 750 V,125 A 的直流快充系统,可在 30 分钟内把电池电量充至 80%。

12 V 磷酸铁锂电池取代的是目前被广泛采用的铅酸型蓄电池。如图 5‑20 所示,这种新型电池在比亚迪车型上已经应用了 5 年时间,技术非常成熟,在容量、充放电性能以及寿命等方面都比主流铅酸电池要强,而且由于电池中不含重金属铅,也更加环保。

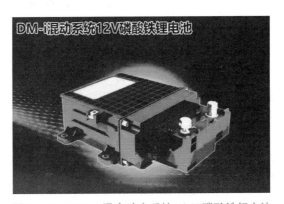

图 5‑20 DM‑i 混合动力系统 12 V 磷酸铁锂电池

任务三 混合动力汽车高压系统绝缘故障诊断

新能源汽车高压系统绝缘故障,是新能源汽车常见的一种故障,对于此类故障,一般使用排除法进行诊断,先观察整车高压系统线路连接走向,然后将高压系统大致分为几个区域,最后使用绝缘测试仪逐个测量,找到故障点,但是在测量过程中有以下几个注意事项。

(1)在新能源汽车辆的维修过程中,一定要穿戴好相应的安全防护用具(安全帽、安全鞋、绝缘手套),保证操作安全。

（2）在测量高压系统绝缘性前，需要对高压系统进行下电处理，确保测量结果的准确性。

（3）在车辆高压系统绝缘测试时，测量的是高压正极或高压负极与车身搭铁之间的绝缘阻值，绝对不可使用绝缘测试仪对高压正极和高压负极进行绝缘测量，防止由于操作问题，损坏车辆部件。

一、高压系统故障

1. 故障现象

一辆奔驰 2012 款 S400L 混合动力汽车，变速器为 7 挡手自一体变速器，电动机功率为 20 kW，该车辆拖车到店后，对其进行了故障验证，发现车辆打开点火开关后，车辆高压系统故障指示灯点亮，挂挡行驶，车辆无法行走。如图 5-21 所示对其进行了初步诊断，发现是因为车辆高压系统故障。

图 5-21　仪表上故障指示灯

2. 故障分析

将诊断仪与车辆 OBD 接口连接，读取车辆故障代码，发现在模块中存在两个故障代码，分别是 0AA671E（高压车载电网当中存在一个绝缘故障，电阻值处于允许范围之外）和 1AE71A（高压车载电网的绝缘存在功能性故障，低于电阻极限值）。

如图 5-22 所示，可以看到两个故障均为已存储的当前的故障，也就是静态故障。该故障码生成的原因是：当车辆高压系统绝缘测试时监测到车辆高压系统出现绝缘故障时，会点亮故障指示灯，并生成故障码，所以可以初步确认该车辆高压系统出现了绝缘故障。

图 5-22　诊断仪显示故障码内容

依据所报故障,读取了相应的数据流,如图 5-23、图 5-24 所示,发现有三组数据流出现了问题,分别为 087、040 和 041。

(1) 数据流 087,代表车辆绝缘电阻,可以看到绝缘阻值远远小于正常值;

(2) 数据流 040,代表控制模块供电电压,指代的是低压控制模块的供电电压,也就是辅助蓄电池的电压;

(3) 数据流 041,代表高压车载电网电压,也就是高压电网中的电压值。

根据数据流的信息,结合车辆高压系统控制逻辑初步分析数据流,当高压系统出现绝缘故障,为防止人员触电,车辆高压系统就会断电,将电流截止在动力蓄电池内部,无电压输出,此时高压电网电压正常情况下就会降为 0,但该车辆上有 13.28 V 电压存在,主要是由于车辆高压系统未完成主动放电,并且由于高压系统故障,车辆 DC-DC 转换器就无法工作,也就是无法将动力蓄电池电压转化为 12—14 V 的电压为车辆辅助蓄电池充电。根据这两个方面,可以认为 040 和 041 是车辆高压系统绝缘故障所引发的连带故障数据。

图 5-23　数据流(一)

图 5-24　数据流(二)

根据以上故障码及数据流分析,确认该故障为车辆高压系统绝缘故障。但是想要排除该故障,就要了解此车辆高压系统的结构。

该车辆高压系统从动力蓄电池接插器出来分为两路,通过两个高压接插器向外延伸,其中一个是 DC-DC 转换器接插器,连接的是车辆 DC-DC 转换器,作用是将高压电转化为低压电为车辆辅助蓄电池充电,另一个是电力电子模块(LE)与电动制冷压缩机(EKMV)接插器,主要作用分为两个:第一个作用是给电动制冷压缩机及电力电子模块提供驱动电能,第二个作用是在能量回收或车辆有多余动力或车辆动力蓄电池电压低于阈值时为车辆充电。

根据该车辆高压系统结构,可以将高压系统分为三个区域:区域一为动力蓄电池内部;区域二为 DC-DC 转换器部分;区域三为电力电子模块与电动制冷压缩机部分。由于车辆高压系统绝缘故障为车辆高压系统对车身搭铁短路,结合高压系统本身为一个并联的结构,也就是说其中任一区域出现绝缘故障,都会导致整个高压系统出现绝缘故障,所以需要分区域进行测量、排除。具体诊断流程如下:

(1) 对车辆进行高压安全断电

关闭点火开关,静置五分钟,断开动力蓄电池低压接插器,断开动力蓄电池两高压接插器,分别测量两接插器正极与负极之间的电压值,一般正常为 0 V。

（2）测量区域一

使用兆欧表分别测量动力蓄电池高压正极与高压负极对车身的绝缘阻值，测量结果达到 500 MΩ 以上，判断结果为正常。

（3）测量区域二

使用兆欧表测量 DC - DC 转换器高压接插器（动力电池端）高压正极与高压负极与车身搭铁之间的绝缘阻值，测量结果达到 500 MΩ 以上，判断结果为正常。

（4）测量区域三

使用兆欧表测量电力电子装置高压接插器（动力电池端）高压正极与高压负极与车身搭铁之间的绝缘阻值，测量结果接近于 0，测量结果异常。根据测量结果初步判断，电力电子模块与电动制冷压缩机部分存在绝缘故障，拆卸电力电子模块及线束。打开电力电子模块上面的小端盖，拧下高压线束与电力电子模块固定螺栓，将高压线束与电力电子模块分离。但是由于高压线束接头与电力电子模块高压接头距离过近，并且高压线束与电力电子模块上端盖无法分开，为保证测量的准确性，需要将电力电子模块上端盖连同高压线束整体一起拆下，在取下电力电子模块上端盖时，电力电子模块内部传出了烧煳的味道。此时基本可以确定电力电子模块内部故障，为了保证判断的准确性，测量电力电子模块内部高压正极与电力电子模块外壳之间的绝缘阻值（电力电子模块直接通过固定螺栓安装在车身上，所以外壳与车身为一个等电位），测量结果接近于 0，判断结果为模块内部高压对电力电子模块外壳短路。内部故障已确认，但是并不能确认线束是否完好，所以还需测量线束本身的绝缘阻值是否正常，测量电力电子模块线束与电力电子模块外壳之间的绝缘阻值，阻值大于 500 MΩ，判断线束本身无故障。

压缩机与电力电子模块并联，为了保证诊断结果的严谨性，还需判断压缩机本体是否有绝缘故障。测量空调压缩机插座高压正极与高压负极与车身搭铁之间的绝缘阻值，绝缘阻值大于 500 MΩ，判断结果为正常。

3. 故障排除

根据以上诊断步骤，故障最终确定为电力电子模块内部绝缘故障。为其提供了两种维修方案：一是直接更换电力电子模块总成，但是由于该车辆已经出保，更换总成部件成本较高；二是对电力电子模块内部进行维修，成本相比更换总成相对较低。与车主进行沟通后，车主选择了维修方案二。该店对电子模块经过维修后，装车测试，车辆一切正常。

二、动力系统故障

1. 故障现象

车辆无 EV 模式。组合仪表提示请检查动力系统，如图 5 - 25 所示。

图 5 - 25　仪表上显示故障信息

2. 故障分析

用 VDS1000 读取发现 BMS 电池管理系统内有故障码：P1A2000（BIC1 温度采样异常故障）；P1A5000（电池管理系统自检故障）；P1A9500（因采样系统故障导致充放电功率为0）。初步怀疑是动力电池内部故障，如图 5－26 所示。

图 5－26　故障码定义

VDS1000 读取的 BMS 系统数据流如图 5－27—图 5－29 所示。

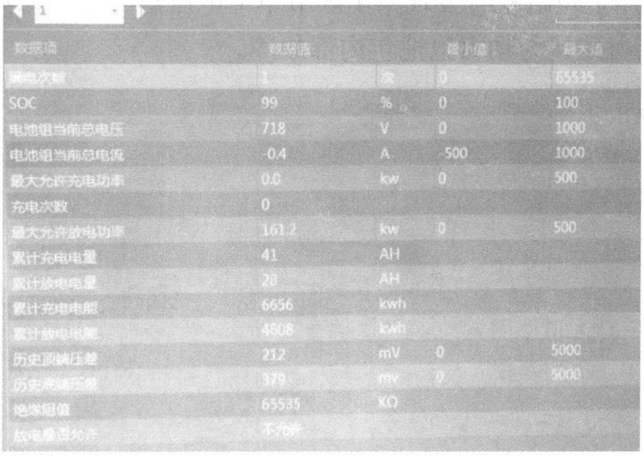

图 5－27　BMS 系统数据流（一）

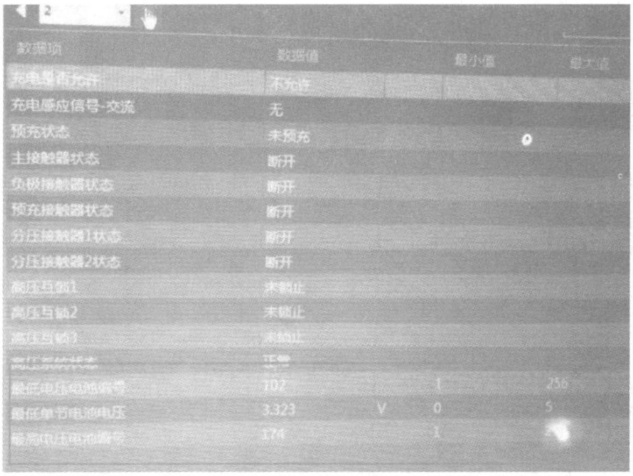

图 5－28　BMS 系统数据流（二）

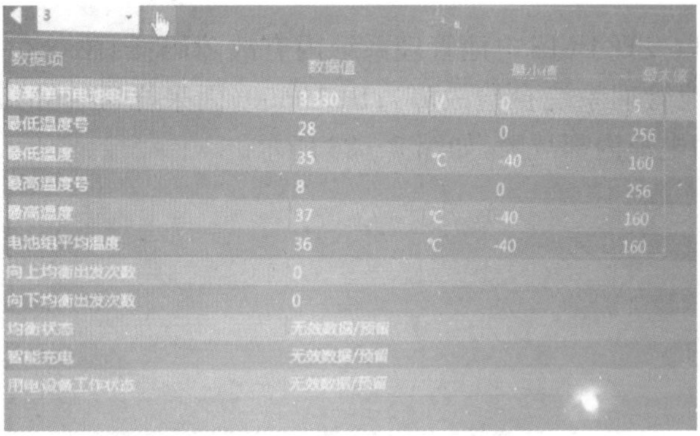

数据项	数据值		最小值	最大值
最高单节电池电压	3.330	V	0	5
最低温度号	28		0	256
最低温度	35	℃	-40	160
最高温度号	8		0	256
最高温度	37	℃	-40	160
电池组平均温度	36	℃	-40	160
向上均衡出发次数	0			
向下均衡出发次数	0			
均衡状态	无效数据/预留			
智能充电	无效数据/预留			
用电设备工作状态	无效数据/预留			

图 5-29　BMS 系统数据流(三)

VDS1000 读取的 BMS 系统模组信息数据流如图 5-30—图 5-34 所示。

通过 VDS1000 读取的 BMS 系统和电池包各模组的数据流信息并没发现数据异常。

如图 5-35 所示用上位机检查发现第 138 节单节电压约为 2.1 V;第 139 节单节电压约为 4.5 V,相差很大。由此认为动力电池包内部故障。

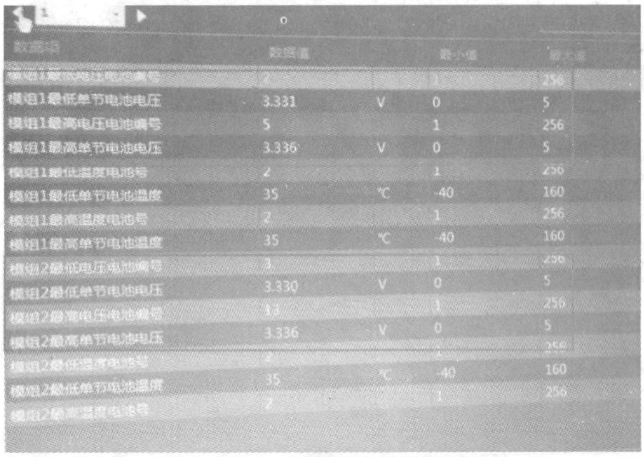

数据项	数据值		最小值	最大值
模组1最低电压电池编号	2		1	256
模组1最低单节电池电压	3.331	V	0	5
模组1最高电压电池编号	5		1	256
模组1最高单节电池电压	3.336	V	0	5
模组1最低温度电池号	2		1	256
模组1最低单节电池温度	35	℃	-40	160
模组1最高温度电池号	2		1	256
模组1最高单节电池温度	35	℃	-40	160
模组2最低电压电池编号	3		1	256
模组2最低单节电池电压	3.330	V	0	5
模组2最高电压电池编号	13		1	256
模组2最高单节电池电压	3.336	V	0	5
模组2最低温度电池号	2		1	256
模组2最低单节电池温度	35	℃	-40	160
模组2最高温度电池号	2		1	256

图 5-30　BMS 系统模组信息数据流(一)

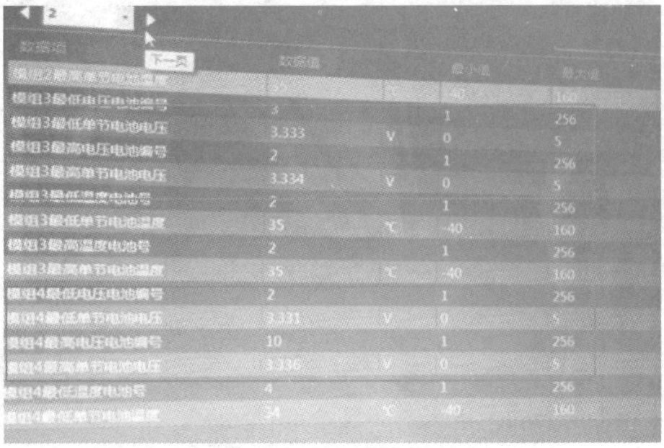

数据项	数据值		最小值	最大值
模组2最高单节电池温度	35	℃	-40	160
模组3最低电压电池编号	3		1	256
模组3最低单节电池电压	3.333	V	0	5
模组3最高电压电池编号	2		1	256
模组3最高单节电池电压	3.334	V	0	5
模组3最低温度电池号	2		1	256
模组3最低单节电池温度	35	℃	-40	160
模组3最高温度电池号	2		1	256
模组3最高单节电池温度	35	℃	-40	160
模组4最低电压电池编号	2		1	256
模组4最低单节电池电压	3.331	V	0	5
模组4最高电压电池编号	10		1	256
模组4最高单节电池电压	3.336	V	0	5
模组4最低温度电池号	4		1	256
模组4最低单节电池温度	34	℃	-40	160

图 5-31　BMS 系统模组信息数据流(二)

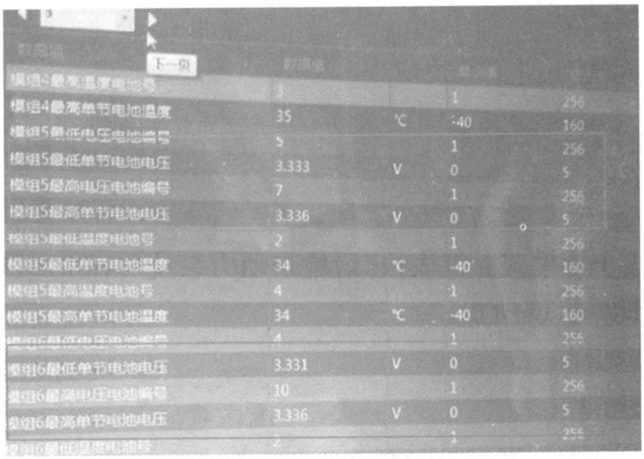

图 5 - 32　BMS 系统模组信息数据流（三）

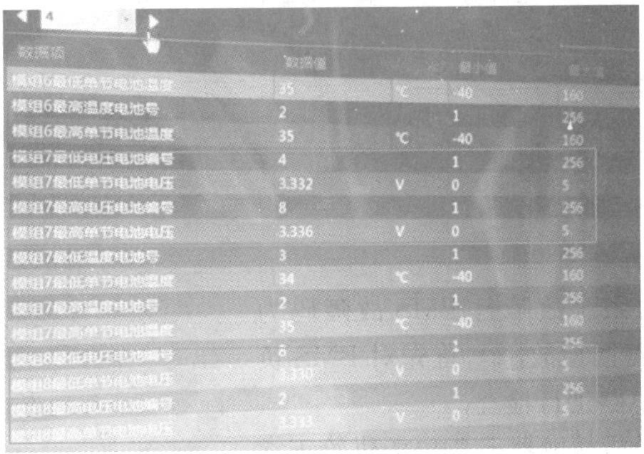

图 5 - 33　BMS 系统模组信息数据流（四）

图 5 - 34　BMS 系统模组信息数据流（五）

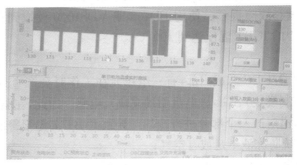

图 5 - 35　单体电池电压

3. 故障处理

更换动力电池包总成处理。

三、动力电池包内部故障

1. 故障现象

车辆SOC78%，无EV模式。仪表报"请检查动力系统"，BMS故障码：P1A3D00（负极接触器回检故障），如图5-36所示。

图5-36　仪表上显示故障信息

2. 故障分析

（1）因车辆动力系统故障且BMS故障码为P1A3D00（负极接触器回检故障），首先对BMS负极接触器电源、控制电路进行检查；

（2）检查BMS负极接触器F脚电源供给正常（k161母端）；

（3）进一步排查发现动力电池采线端子（k161公端）F脚出现退针现象，如图5-37所示。

3. 故障处理

更换动力电池包。

图5-37　动力电池采线端子

四、EV模式与HEV模式无法切换

1. 故障现象

车辆在满电状态下EV模式行驶几分钟后，突然自动切换到HEV模式，人为也无法再切回EV模式；仪表没有故障提示。使用ED400或VDS1000读取到在车辆切换HEV瞬间，驱动电机控制器中的IGBT温度达到100 ℃。

2. 故障分析

在驱动电机控制器及DC总成内部，有三组单元在工作时会产生热量，分别为IPM（控制器内部智能功率控制模块）、IGBT（电机驱动模块）、电感。因此，在驱动电机控制器及DC总成内部有相应的水道对这三个部分进行冷却。导致IGBT高温报警的原因有：

（1）电机冷却系统防冻液不足或有空气；

（2）电机电动水泵不工作；

（3）电机散热器堵塞；

（4）驱动电机控制及 DC 总成本身故障。

3. 故障诊断

（1）使用 ED400 或 VDS1000 读取驱动电机数据流，水泵工作不正常；

（2）检查散热风扇正常启动、运行；

（3）检查过程中发现电动水泵在 OK 电下不工作，致使 IGBT 温度迅速上升；

（4）仔细检查发现水泵搭铁出现断路故障，通过排查找到断路点，重新装配好试车，故障排除。

4. 分析机理

如图 5-38 所示，当工作温度超过一定范围时，驱动电机控制器及 DC 总成就会检测到，同时经过 CAN 网络传递给发动机 EMS，EMS 驱动冷却风扇继电器后，冷却风扇工作以快速冷却防冻液，以降低温度，以下为冷却风扇工作条件：

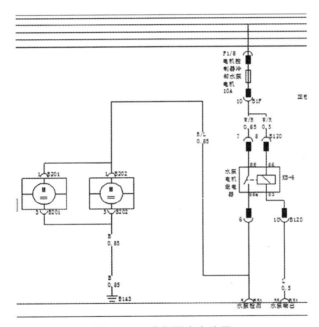

图 5-38　冷却风扇电路图

（1）电机水温：47—64 ℃，低速请求；＞64 ℃，高速请求。

（2）IPM：53—64 ℃，低速请求；＞64 ℃，高速请求；＞85 ℃，报警。

（3）IGBT：55—75 ℃，低速请求；＞75 ℃，高速请求；＞90 ℃，限制功率输出；＞100 ℃，报警。

（4）电机温度：90—110 ℃，低速请求；＞110 ℃，高速请求。

满足 3 个低速请求，电子风扇低速转；满足 1 个高速请求电子风扇高速转。

五、HEV 无法启动

1. 故障现象

上电 OK 灯点亮，SOC 为 83%，EV 模式行驶中自动切换到 HEV，发动机启动，无法使

新能源汽车维护与故障诊断

用 EV 模式,仪表提示,请检查动力系统。

2．故障分析

（1）用诊断仪读取整车各模块软、硬件版本号、整车故障码并记录；

（2）如图 5-39 所示,清除整车故障码后对车辆重新上电；

（3）试车故障再次出现,读取数据流,驱动电机控制器报：P1B1100（旋变故障——信号丢失）、P1B1300（旋变故障——信号幅值减弱）；

图 5-39　诊断仪清除故障码

（4）在驱动电机控制器 62pin 接插件线束端,分别测量电机旋变阻值,正常（参考标准：正弦 16±4 Ω、余弦 16±4 Ω、励磁 8.3±2 Ω）；

（5）检查驱动电机控制器 62pin 接插件端子、旋变小线端子,正常；

（6）更换驱动电机控制器与 DC 总成后,车辆恢复正常。

3．更换前驱动电机控制器及 DC 总成注意事项

更换前驱动电机控制器及 DC 总成,需要进行防盗编程及标定,具体如下：

（1）更换必须对旧控制器 ECM 密码清除；

（2）安装新控制器需 ECM 编程,如图 5-40 所示；

（3）ECM 编程完成退电 5 s,重新上电,如图 5-41 所示,对电机系统配置设置；

图 5-40　ECM 编程

图 5-41　对电机系统配置设置

（4）读取倾角信息,如图 5-42 所示。

图 5-42　读取倾角信息

4. 注意事项

(1) 在车辆处于水平时读取倾角数值,确认是否正常(坡道坡度正常值为 0°)。

(2) 如有偏差,则进行倾角标定、确认刹车信号是否正常。标定完毕后车辆退电,5 s 后重新上电。读取数据流,确认刹车信号是否正常,不踩刹车时信号为 0。如图 5 - 43 所示。

(3) 如果数据异常,则需进行刹车起点标定,标定方法:

① 整车上 ON 挡电(特别注意不要上 OK 电,否则车辆在进行第 2 步时会导致车辆向前冲的危险);不要踩刹车(有制动开关信号就无法标定)。

② 深踩油门(50%—100%),持续 5 s 以上,电控便可自动标定;正常退电一次延迟 5 s 再上电。

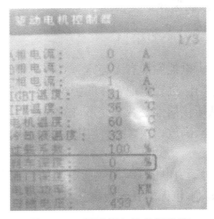

图 5 - 43　读取倾角信息标准值

六、常见故障汇总诊断思路

1. 无 EV 模式,仪表报"请检查动力系统",故障码报"主接触器烧结"

(1) 先查询高压 BMS 的程序版本(确认是最新版),确认故障码是否能清除,然后再尝试多次上 OK 电,看故障是否会重现;

(2) OFF 挡用万用表检测配电箱的电机控制器正极端口和电池包正极端口是否导通或开箱检查主接触器是否导通。导通更换主接触器处理。

2. 无 EV 模式,高压电池管理器报"预充失败故障"

在上 OK 电过程中测量 K160 - G 对地电压是否会有 12 V—0 V—12 V 这样的一个过程:

(1) 有,且驱动电机控制器直流母线无瞬间高压输入,则重点排查预充接触器;

(2) 无,检查电池管理器、采样线束。

3. 高压电池管理器报"电流霍尔传感器故障"

(1) 整车上 OK 电;

(2) 用万用表测量低压接插件 K160 - D 和 K160 - E 对地电压:若 K160 - D 对地电压在 +15 V 左右且 K160 - E 对地电压在 -15 V 左右,更换高压配电箱(电流霍尔传感器);若两引脚对地电压不在上述范围内,检查动力电池管理器及线路。电流异常检测,测试霍尔信号（"1 V"对应"100 A"）并与电源管理器的当前电流进行对比,从而来判断电流霍尔的正常与否。

任务四　混合动力汽车使用与维护

动力电池系统是为新能源汽车驱动提供能量的能量储存装置,由一个或多个电池包以及电池管理(控制)系统组成。同时作为新能源汽车三大电之一,动力电池对整车的动力性、续驶里程、安全性、可靠性和使用寿命等起到决定性作用,特别是在纯电动汽车和增程式混合动力汽车上。动力电池的保养作业是为了保证其性能的可靠性而进行的工作,通常分为日常的常规保养和周期性的强制保养。

一、动力电池的常规保养作业项目

(1) 将车辆举升,目测动力电池底部有无磕碰、划伤、损坏的现象,电池标识是否脱落;

(2) 目测密封条及进排气孔,进行电池箱体的密封检查;

(3) 目测动力电池高、低压接插件是否有变形、松脱、过热、损坏的情况;

(4) 定期对动力电池满充、满放一次,之后使用专用检测仪对动力单体电池一致性进行测试;

(5) 使用专用检测仪器对动力电池 BMS、绝缘电阻进行测试。

注意:不需要拆卸动力电池,也无须开盖检查。

二、动力电池系统周期性强制保养项目

1. 绝缘检查(内部)

目的:防止电池箱内部短路。

方法:将电池箱内部高压盒插头打开,用绝缘测试仪测试总正、总负对地,阻值≥500 Ω/V (1 000 V)。

2. 模组连接件检查

目的:防止螺丝松动,造成故障。

方法:用绝缘扭力扳手紧固(标准扭矩为 35 N·m),检查完成后,做好极柱绝缘。

3. 电池箱内部温度采集点检查

目的:确保测温点工作正常,采集点合理。

方法:使用笔记本电脑通过专用 CAN 卡监控电池箱内部温度与用红外热像仪所测试的温度对比,检查温感精度。

4. 电池箱内部除尘

目的:防止内部粉尘较多,影响通信。

方法:用压缩空气通过气枪对内部进行清理。

5. 电压采集线检查

目的:防止电压采集破损,导致测试数据不准。

方法:将从板接插件打开安装 1 次,通过观察数据变化进行确认。

6. 标识检查(内部)

目的:防止内部各组件标识脱落。

方法:目测内部各组件标识是否脱落。

7. 熔断器检查

目的:检查熔断器状态是否良好,与事故时可正常工作。

方法:用专用万用表电阻挡测量电阻值。

8. 继电器测试

目的:防止继电器损坏,车辆无法正常上高压。

方法:用专用诊断仪上的专用监控软件启动关闭总正总负继电器,并用专用万用表进行测试。

9. 高低压接插件可靠性检查

目的:确保接插件正常使用。

方法:目测高低压接插件是否松动、破损、腐蚀以及密封等情况,并通过专用万用表测量连接可靠性,用绝缘测试仪进行绝缘测试。

10. 其他电池箱内零部件检查

目的:保证辅助性的部件正常使用。

方法:用绝缘螺丝刀和绝缘扭力扳手检查各紧固件是否有松动、破损、脱落等情况。

11. 电池组安装点检查

目的:防止电池包脱落。

方法:目测检查每个安装点焊接处是否有裂纹。

12. 电池组外观检查

目的:确保电池组未受到外界因素影响。

方法:目测电池组有无变形、裂痕、腐蚀、凹痕。

13. 保温检查

目的:确保冬季电池组内部温度。

方法:目测检查电池组内部边缘保温棉是否脱落、损坏。

14. 电池组高低压线缆安全检查

目的:确保电池组内部线缆没有破损、漏电。

方法:目测电池组内部线缆是否破损、挤压。

15. 电芯防爆膜、外观检查

目的:防止电芯损坏、漏电。

方法:目测检查电芯防爆膜、电芯外观绝缘是否破损。

16. CAN 电阻检查

目的:确保通信质量。

方法:下电情况下用专用万用表欧姆挡测量 CAN1(3)高对 CAN1(3)低电阻。

17. 电池箱内部干燥性检查

目的:确保电池箱内部无水渍。

方法:打开电池组,目测检查电池箱内部是否有积水,并用绝缘测试仪测量电池组绝缘性能。

18. 电池加热系统测试

目的：确保加热系统工作正常，避免冬季影响充电。

方法：电池箱通 12 V 电源，打开监控软件，启动加热系统，目测检查风扇是否正常或者加热膜片是否工作正常。

19. 对各高、低压接插头及部件进行除湿、润滑、绝缘处理

目的：保证高、低电路连接的可靠性。

方法：用 WD40 对接插头及部件进行处理。

20. 最后进行电池箱重新密封，并进行密封检查

目的：保证电池箱密封良好，防止水进入。

方法：目测检查密封条密封性能或更换密封条。

注意：首先以上是对一款自然风冷型的动力电池所进行的周期性强制保养项目，对于强制风冷或液冷的动力电池系统，以及内置高压控制盒类型的动力电池与此不完全相同。其次在进行维护时一定要严格按新能源汽车高压安全与防护要求进行相应操作，否则可能会带来危险。

实训任务

混合动力汽车驱动电机检测

在规定时间内，要求以小组作业方式，严格执行高压作业安全规定，规范使用工具仪器，依据厂家技术标准和实训要求，在混合动力整车上完成高压系统断电、驱动电机检测、高压绝缘性检查、整车控制器性能检验，并形成书面报告。建议采用吉利帝豪 PHEV 车型。

1	高压断电操作流程，请按操作顺序在本栏空白处列明：
2	识别整车高压部件的位置，请【】处注明 　①电动压缩机【　　　　　】 　②电加热器【　　　　　】 　③电动控制器【　　　　　】 　④驱动电机【　　　　　】 　⑤充电机【　　　　　】 　⑥交流充电座【　　　　　】 　⑦动力电池【　　　　　】 　⑧高压线束【　　　　　】

续表

3	识别整车热管理连接及电磁阀、水泵的位置						

4	识别高压互锁的位置及互锁针脚						

5	EV 车型（IGBT 各桥臂状态）	红表笔		黑表笔				
				T+	T−	U	V	W
			T+					
			T−					
			U					
			V					
			W					

6	电机控制器绝缘性测试		数值（MΩ）		阻值
		T+对壳体		励磁线圈	
		T−对壳体		正弦线圈	
		U 对壳体	旋变阻值	余弦线圈	
		V 对壳体			
		W 对壳体			

7	高压部件绝缘测量	动力电池	端子1:		端子2:	
		电动压缩机	端子1:		端子2:	
		电加热器	端子1:		端子2:	
		驱动电机	U:	V:		W:
		交流充电插座	L1:	N:		
		车载充电机	输出端子1		输出端子2	
		EV:直充口 PHEV:OBC 输出线束	端子1:		端子2:	

课后练习

一、选择题

1. 安全防范的三种基本防范手段是：人防、物防和（　　　）。

A. 心防   B. 预防   C. 艺防   D. 技防

2. 在设备检修、调试过程中最常用的仪表是( )。

A. 万用表   B. CAN 分析仪   C. 解码仪   D. 功率计

3. 在高速上发生事故后，若车辆能移动，应将车停在( )。

A. 超车道   B. 行车道   C. 应急道   D. 慢车道

4. 比亚迪 E5 车型的电机旋变传感器正弦、余弦和励磁阻值分别是( )。

A. 16 Ω、16 Ω、8 Ω   B. 25 Ω、25 Ω、16 Ω

C. 20 Ω、20 Ω、18 Ω   D. 以上都不正确

5. 新能源汽车型仪表上的 OK 灯点亮相当于传统燃油车电源处于哪个挡位？( )

A. OFF 挡   B. ACC 挡   C. ON 挡   D. ST 挡

6. 比亚迪新能源汽车设计有智能充电功能，智能充电是针对( )来说的。

A. 动力电池包   B. DC - DC   C. 低压铁电池   D. VTOG

7. 电动机上安装的旋变传感器用于检测电动机的转速和旋转位置，相当于燃油车上的( )。

A. 凸轮轴位置传感器   B. 氧传感器

C. 曲轴位置传感器   D. 进气压力温度传感器

8. 车辆行驶时，动力系统故障突然点亮，车速逐渐降低，10 秒钟以后，整车停止运行，可能原因是( )。

A. 电机损坏   B. 电机控制器损坏   C. 车轮损坏   D. 高压互锁断开

二、判断题

1. 在蓄电池和蓄电池混合动力中，一种蓄电池具有高比能量，另一种蓄电池具有高比功率。   ( )

2. 燃油汽车与电动汽车的主要区别在于它们的转向系统不同。   ( )

3. 当电动汽车制动时，再生制动的动能被电源吸收，此时功率流的方向是正向的。

     ( )

4. 使用万用表测量高压时，需注意选择正确量程，检测用万用表精度不低于 0.5 级。

     ( )

5. 绝缘设备及安全防护设备每次使用前都需检测有无破损、金属穿刺等受损情况。

     ( )

6. 比亚迪 E5 车型，VTOG 集成在高压电控总成内部，主要控制高压交、直流电双向逆变，驱动电机运转，实现充、放电功能。   ( )

7. 比亚迪 E5 车型上电到 OK 挡，且当前挡位处于 N 挡，此时不需要踩刹车踏板即可以挂上 D 挡/R 挡，所以在维修操作中一定要注意，否则可能造成不必要的损失。   ( )

8. 比亚迪新能源汽车型，如仪表提示"请检查充电系统"，表明 220 V 充电系统存在异常。

     ( )

新能源汽车典型
故障诊断与排除

项目 六

项目说明

　　新能源汽车技术先进,涉及高压系统,结构复杂。新能源汽车出现故障该如何进行检修呢? 要想快速排除新能源汽车故障,就必须通过确认故障现象,读取故障码,定格数据和数据流,主动测试等方法进行检修。同时要准备整车电气原理,整车二维线束图,整车电器控制策略等资料,并准确识读和掌握。

项目目标

　　1. 熟悉新能源汽车故障诊断流程
　　2. 掌握新能源汽车诊断设备的使用规范
　　3. 能独立操作新能源汽车诊断设备
　　4. 能建立新能源汽车故障诊断思路

教学内容

　　对新能源汽车常见的低压供电不正常、高压不能上电、车辆无法正常行驶、交流不能充电等故障现象进行诊断与排除,在遵循高压安全防护的基本操作技能情况下,通过专业知识和诊断设备检测完整准确填写任务作业表。作业过程中熟练查阅维修资料和电路图、正确使用工量具和仪器设备、准确测量技术参数和判断故障点。因此要想诊断上述故障不仅要掌握新能源相关部件结构和控制原理,还要掌握部件检测方法。本项目通过三个任务学习内容,掌握新能源故障诊断思路。

任务一　比亚迪 E5 车型无法启动故障诊断与排除

一、故障现象确认

　　踩下制动踏板,同时按下启动按钮,准备检查车辆的常规电气系统和高压系统是否能正常工作,结果发现车辆不能启动,仪表黑屏,还带有一段提示文字,这和不踩制动踏板,按下启动开关的现象一模一样。同时发现制动灯也不亮。现象已经列出来,原因也似乎很明显,故障应该与制动信号相关,导致车辆不能促动相关的系统。

二、故障分析与初步检测

(1)车辆低压正常启动,需要满足以下条件。

① 踩下制动踏板的信号需要被车辆接收,因此制动灯开关的功能必须正常;

② 制动灯开关与启动开关的操作信号要被车身控制器接收,因此车身控制器需要正常工作;

③ I-KEY工作正常,否则防盗信息不能被验证,电气系统无法启动;

④ 所有信号回路正常。

(2)车辆低压无法启动,需重点关注是否满足上述条件。

① 连接诊断仪,扫描全车模块,车身控制器模块能被查找到,并无故障码提示,说明模块工作正常;

② 按下启动按钮时,仪表并没有显示"未检测到钥匙"信息,暂时我们排除I-KEY系统的问题;

③ 踩下制动踏板读取数据流,找到启动网-车身控制器读取制动信号,如图6-1所示。

项目	数值	判断
启动网-车身控制器:12 V制动信号状态	踩下:无效	异常

图6-1 数据流内容

(3)确认故障范围。结合仪表现象、诊断数据和电路图分析,基本上可以锁定故障方向在制动灯开关及相关线路,如图6-2所示。

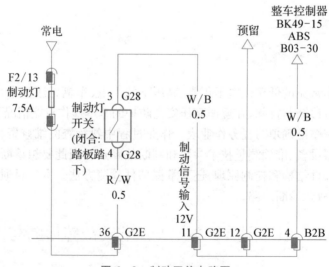

图6-2 制动开关电路图

三、部件/电路测试,故障验证

部件/线路范围	检查或测试后的判断结果		结论
关闭启动按钮,断开蓄电池负极,踩下制动踏板,测量线路 F2/13 保险下游至 G2E/11 电阻:<1 Ω	☑ 正常	□ 不正常	制动灯开关正常
连接蓄电池负极,测量 F2/13 保险上游对车地电压:12.68 V	☑ 正常	□ 不正常	保险丝上游供电正常
连接蓄电池负极,测量 F2/13 保险下游对车地电压:0 V	□ 正常	☑ 不正常	保险丝熔断
断开蓄电池负极,拔下 F2/13 保险,测量保险两端电阻:电阻无穷大	□ 正常	☑ 不正常	保险丝熔断
断开蓄电池负极,拔下 F2/13 保险,踩下制动踏板,测量保险丝下游对车身地电阻:电阻无穷大	☑ 正常	□ 不正常	保险丝输出端无对地短路

图 6-3　线束位置

四、故障确认

　　因为制动灯保险丝断开,制动灯无法工作,如图 6-4 所示。根据电路图分析,制动灯开关闭合后,整车控制器仍不能接收制动信号的输入,因此不能启用电气系统。经测试,保险丝输出端不存在对地短路现象,并且无其他设备加装现象造成保险丝过载,因此保险丝熔断是由本身质量原因造成。

尺寸参照

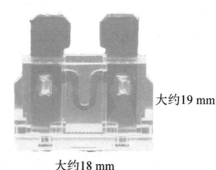

大约5 mm

大约19 mm

大约18 mm

图6-4 制动灯保险丝

任务二 比亚迪车型典型故障诊断与排除

一、2014款比亚迪秦混合动力车型仪表报动力系统故障及风扇常转

1. 故障现象

一辆2014款比亚迪秦车辆行驶一段时间后无论是EV或HEV模式,仪表报动力系统故障,散热器风扇常转,用ED400检测故障码为P1B0300(IGBT过温告警)。

2. 故障分析

(1)电机冷却系统防冻液不足或有空气。

(2)电机散热器堵塞。

(3)电机电动水泵不工作。

(4)驱动电机控制及DC总成本身故障。

(5)相关线路故障等。

3. 维修过程

(1)检查冷却液正常没有空气,电机散热器也没有发现有堵塞现象。

(2)检查电动水泵时发现电动水泵不工作;检查电动水泵插头C17-3针脚搭铁正常,C17-1针脚没有12 V电压,故障点基本落实,重点排查冷却水泵继电器的工作状态。

(3)继电器电源经过F2/9-7.5A保险,水泵电源经F1/12-10A保险,检查F2/9-7.5 A保险及F1/12-10 A保险12 V电压正常;上OK挡再检查冷却水泵继电器K1-2-85针脚水泵输出信号正常;检查冷却水泵继电器K1-2-86针脚有时有电,有时无电,再仔细检查发现前舱配电盒冷却水泵继电器K1-2-86针脚内部松动导致继电器间歇性不工作(偶发性故障)。

(4)更换前舱配电盒故障排除。

4. 维修小结

线束问题根据电路原理图逐个接插件、保险进行检查，如图 6-5 和图 6-6 所示。

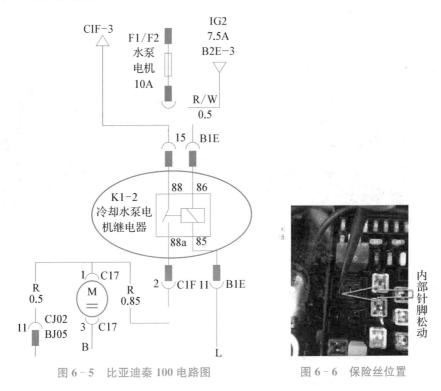

图 6-5　比亚迪秦 100 电路图　　　　图 6-6　保险丝位置

二、比亚迪秦 100 车型无法使用 EV 案例

1. 故障现象

比亚迪秦 100 混合动力车辆无法使用 EV 模式、无法充电、仪表提示检查动力系统。读取高压电池管理器的系统故障码：P1A3E00（正极接触器回路故障）；P1A3F00（预充接触器回路故障）；P1A4000（充电接触器回路故障），如图 6-7 所示。

图 6-7　道通 908 诊断仪读取故障码

2. 故障分析

（1）高压电池管理器故障。

（2）高压配电箱故障。

（3）线束连接故障。

3. 维修过程

（1）3个接触器同时报故障码,查询3个接触器的共同点,确认3个接触器的电源均经过FX-2号保险,再由电池管理器控制拉低信号来控制接触器的吸合,如图6-8所示。

图6-8 保险丝位置

（2）对FX保险盒进行检查,发现测量FX-2号保险丝时上面没电压,用力往下压时有12 V电压,拔下保险发现里面的线束针脚退针,处理针脚后故障解决。

4. 维修小结

（1）若出现多个故障码,要先了解故障码是否有共性。

（2）熟悉电路原理有助于提升排查效率。

三、比亚迪宋车型发动机附件功能受限故障

1. 故障现象

一辆比亚迪宋车辆行驶400 km,行驶时仪表偶发性故障显示发动机附件功能受限,读取故障码为P0805(离合位置传感器线路故障)。

2. 故障分析

（1）离合位置传感器(离合器总泵)故障。

（2）发动机ECU故障。

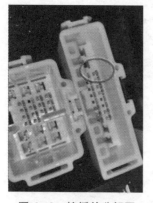

（3）线束连接故障。

3. 维修过程

（1）排查由简入难,先对传感器(离合器总泵)及发动机ECU进行排查确认,未见异常。

（2）根据以上排查,排查目标主要在线束上,如图6-9和图6-10所示,根据电路图进行排查,检查离合器线束B46-1搭铁正常,B46-5电压为12 V属于正常,分别测量线束B46-1与车身、B46-5与前舱配电盒F1-4、B46-3与发动机电脑A01-25针脚导通性良好。

图6-9 接插件分解图

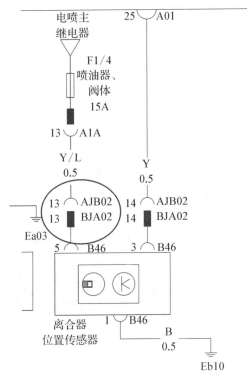

图 6-10　比亚迪宋车型电路图

（3）由于该故障属于偶发性故障，再次测量发动机 ECU 的 A01-25 针脚发现没有电压，离合器位置传感器由霍尔信号传递，踩下离合器踏板应该有变化；该车辆现无任何反应，再次测量发现 B46-5 无 12 V 电源，经检查后发现为线束接插件针脚有退针现象；处理接插件后故障排除。

4. 维修小结

（1）偶发性故障一般为线束虚接导致。

（2）熟悉电路及线束，有利于快速排除故障。

四、比亚迪宋 MAX 车型偶发性 EPB 失效

1. 故障现象

比亚迪宋 MAX 车型，行驶里程为 248 km。偶发性 EPB 失效，电子手刹无法正常工作，仪表提示"请检查电子驻车系统"。

2. 故障分析

（1）EPB 控制器故障。

（2）EPB 开关或执行电机故障。

（3）线束故障。

3. 维修过程

（1）用 VDS1000 进入 EPB 系统，读取故障码为 C117009（EPB 开关故障）。

（2）根据维修手册测量 EPB 开关上各接插件之间的阻值正常，电源及搭铁信号正常。

（3）在不拔下 EPB 开关线束接插件的情况下，测量 1♯针脚电压为 6 V 左右。测量正常车辆上电压约为 8.8 V。怀疑 1 号针脚电源接触不良。根据电路图检查 KJG10 - 27♯针脚，发现有因进水引起的腐蚀起铜绿的现象，重新处理接插件后测量 EPB 开关线束接插件 1♯针脚，电压为 8.8 V 左右，EPB 恢复正常工作。

（4）检查前风挡，未发现有漏水现象。与客户沟通得知，前期风挡玻璃贴膜后该故障就出现了。应为贴膜不当导致插头进水引起，如图 6 - 11 所示。

图 6 - 11　EPB 开关线束接插件

4. 维修小结

EPB 开关属于复位式开关，EPB 控制模块通过判断 EPB 开关拉起或释放的过程中，各针脚电压的变化判断驾驶员具体的操作行为。所以在后期检查类似问题时，一定要对各针脚电压变化有明确了解，也可以和正常车辆上对应的 EPB 针脚做对比。

任务三　新能源汽车充电及电池管理系统常见故障诊断

一、故障现象

连接慢充充电枪，充电连接指示灯正常点亮，但充电机故障指示灯异常点亮，仪表上其他指示灯正常点亮，始终没有听到高压继电器吸合的声音，无法进行充电。

二、故障分析

车载充电机故障指示灯点亮，说明可能存在以下情形：

（1）检测点 3（CC）的电压始终没有检测到最高值（12 V）。

（2）在检测点 3（CC）电压正常后，检测点 2（CP）始终没有检测到 9 V 的信号电压。

（3）在检测点 3（CC）电压正常后，检测点 2（CP）始终没有检测到 6 V 的 PWM 信号电压。

（4）在检测点 2（CP）电压正常后，车载充电机未发出慢充唤醒信号。

由于充电连接指示灯点亮，说明检测点 3 信号正常。而后三种原因存在因果关系，按照故障树的诊断原则，应该从慢充唤醒信号开始测量。

三、故障诊断

1. 车载充电机的慢充唤醒信号

连接充电枪,选用检测工具:万用表。标准值应该由始终为 0 V 切换到 12 V。实测值 0 V,异常。分析可能的故障原因:

(1) 车载充电机主控单元自身故障。

(2) CP 信号异常。

2. 测量充电机端 CP 信号

连接充电枪,选用检测工具:示波器。标准值应该由 0 V 切换到 9 V,再变成 9 V 方波,最后变成 6 V 方波。实测值始终为 12 V 直线,异常。说明车载充电机主控单元接收到来自充电设备的 12 V 信号,但在车载充电机内没有通过 R3 接地,可能的故障原因:R3 自身及其线路故障。

3. 测量 R3 上端的电压

连接充电枪,选用检测工具:万用表。标准值应始终为直线,异常值为 0 V。实测值为 12 V。由于车载充电机 CC 信号正常,说明 PE 搭铁回路正常。故障为 R3 与 PE 搭铁线路之间存在故障。恢复后车载充电机故障指示灯熄灭。可以报出此故障后,予以恢复。

四、故障检查

连接慢充充电枪,充电连接指示灯、CAN 通信指示灯正常点亮,但 BMS 唤醒指示灯不亮,充电系统故障指示灯异常点亮,始终没有听到高压继电器吸合的声音,系统无法正常充电。

由于 CAN 通信指示灯正常点亮,说明 CAN 总线系统通信正常并处于通信状态;但 BMS 唤醒指示灯不亮,说明 BMS 没有接收到唤醒信号,或者对唤醒信号没有做出正确反应,所以应检查 BMS 端的唤醒信号是否正常。

1. 测量 BMS 端的慢充唤醒信号

连接慢充充电枪,选用检测工具:万用表。标准值应该由始终为 0 V 切换到 12 V。实测值为 0 V,异常。分析可能的故障原因有:

(1) BMS 至 VCU 之间的线路。

(2) 故障 VCU 自身故障。

2. 测量 VCU 端的慢充唤醒信号

连接慢充充电枪,选用检测工具:万用表。标准值应该由 0 V 切换到 12 V。实测值正常。BMS 至 VCU 之间的线路断路故障,恢复故障后系统恢复正常。根据两端电压比较后得出断路故障即可协助恢复故障。

五、故障机理

(1) R3 至 PE 之间线路断路,导致插入充电枪后,CP 信号没有被从 12 V 拉低到 9 V,充电机没有被唤醒,无法与充电供电装置及其他模块正常通信,所以不能充电。

（2）慢充唤醒线路断路，导致 VCU 不能唤醒 BMS，BMS 无法正常与其他模块交换数据，所以无法正常充电。

 实训任务

新能源汽车故障诊断与排除

在规定时间内，对新能源汽车常见的低压供电不正常、高压不能上电、车辆无法正常行驶、交流不能充电故障现象进行诊断与排除，在全面考核学生的基本操作技能情况下，要求按照维修手册的规范，在规定时间内完成作业的流程，发现和确认故障点，设置故障点 4 个，根据现场要求排除故障，完整准确填写任务作业表。作业过程中熟练查阅维修资料和电路图、正确使用工量具和仪器设备、准确测量技术参数和判断故障点、正确记录作业过程和测试数据、安全文明作业，并形成书面报告。（建议采用吉利帝豪 EV300 车型）

1. 填写车辆信息

作业项目	作业内容
整车型号	
工作电压	
电池容量	
车辆识别代码	
电机型号	
里程表读数	

2. 故障点 1——诊断与排除过程

作业项目	作业内容	备注
故障现象确认		※确认故障症状并记录症状现象
模块通信状态及故障码检查		

作业项目	作业内容	备注
正确读取数据	<table><tr><th>项目</th><th>数值</th><th>单位</th><th>判断</th></tr><tr><td></td><td></td><td></td><td></td></tr><tr><td></td><td></td><td></td><td></td></tr><tr><td></td><td></td><td></td><td></td></tr><tr><td></td><td></td><td></td><td></td></tr><tr><td></td><td></td><td></td><td></td></tr><tr><td></td><td></td><td></td><td></td></tr></table>	※如果无相关数据则无须填写
清除故障码并再次读取	确认故障码是否再次出现,并填写结果 □ 无 DTC □ 有 DTC:	
确定故障范围	结合仪表现象、诊断数据和电路图分析,最有可能的故障范围:	
基本检查	线路/连接器外观及连接情况 □ 正常　□ 不正常 零件安装等　□ 正常　□ 不正常	※不拆装
部件/电路测试	<table><tr><th>部件/线路范围</th><th colspan="2">检查或测试后的判断结果</th></tr><tr><td></td><td>□ 正常</td><td>□ 不正常</td></tr><tr><td></td><td>□ 正常</td><td>□ 不正常</td></tr><tr><td></td><td>□ 正常</td><td>□ 不正常</td></tr><tr><td></td><td>□ 正常</td><td>□ 不正常</td></tr><tr><td></td><td>□ 正常</td><td>□ 不正常</td></tr><tr><td></td><td>□ 正常</td><td>□ 不正常</td></tr><tr><td>波形采集</td><td>□ 正常</td><td>□ 不正常</td></tr></table>	※注明测试条件、插件代码和编号,控制单元针脚代号以及测量结果
故障部位确认和排除	<table><tr><th>故障类型</th><th>确认的故障位置</th><th>排除处理说明</th></tr><tr><td>线路故障</td><td></td><td>□ 更换□ 维修□ 调整</td></tr><tr><td>元件故障</td><td></td><td>□ 更换□ 维修□ 调整</td></tr></table>	

3.故障点2——诊断与排除过程

作业项目	作业内容	备注
故障现象确认		※确认故障症状并记录症状现象
模块通信状态及故障码检查		
正确读取数据	<table><tr><td>项目</td><td>数值</td><td>单位</td><td>判断</td></tr><tr><td></td><td></td><td></td><td></td></tr><tr><td></td><td></td><td></td><td></td></tr><tr><td></td><td></td><td></td><td></td></tr><tr><td></td><td></td><td></td><td></td></tr><tr><td></td><td></td><td></td><td></td></tr></table>	※如果无相关数据则无须填写
清除故障码并再次读取	确认故障码是否再次出现,并填写结果 □ 无 DTC □ 有 DTC:	
确定故障范围	结合仪表现象、诊断数据和电路图分析,最有可能的故障范围:	
部件/电路测试	<table><tr><td>部件/线路范围</td><td colspan="2">检查或测试后的判断结果</td></tr><tr><td></td><td>□ 正常</td><td>□ 不正常</td></tr><tr><td></td><td>□ 正常</td><td>□ 不正常</td></tr><tr><td></td><td>□ 正常</td><td>□ 不正常</td></tr><tr><td></td><td>□ 正常</td><td>□ 不正常</td></tr><tr><td>波形采集(不用者不填)</td><td>□ 正常</td><td>□ 不正常</td></tr></table>	※注明测试条件、插件代码和编号,控制单元针脚代号以及测量结果
故障部位确认和排除	<table><tr><td>故障类型</td><td>确认的故障位置</td><td>排除处理说明</td></tr><tr><td>线路故障</td><td></td><td>□ 更换□ 维修□ 调整</td></tr><tr><td>元件故障</td><td></td><td>□ 更换□ 维修□ 调整</td></tr></table>	

4. 故障点3——诊断与排除过程

作业项目	作业内容	备注
故障现象确认		※确认故障症状并记录症状现象
模块通信状态及故障码检查		
正确读取数据	<table><tr><td>项目</td><td>数值</td><td>单位</td><td>判断</td></tr><tr><td></td><td></td><td></td><td></td></tr><tr><td></td><td></td><td></td><td></td></tr><tr><td></td><td></td><td></td><td></td></tr><tr><td></td><td></td><td></td><td></td></tr><tr><td></td><td></td><td></td><td></td></tr><tr><td></td><td></td><td></td><td></td></tr></table>	※如果无相关数据则无须填写
清除故障码并再次读取	确认故障码是否再次出现,并填写结果 □ 无 DTC □ 有 DTC:	
确定故障范围	结合仪表现象、诊断数据和电路图分析,最有可能的故障范围:	
部件/电路测试	<table><tr><td>部件/线路范围</td><td colspan="2">检查或测试后的判断结果</td></tr><tr><td></td><td>□ 正常</td><td>□ 不正常</td></tr><tr><td></td><td>□ 正常</td><td>□ 不正常</td></tr><tr><td></td><td>□ 正常</td><td>□ 不正常</td></tr><tr><td></td><td>□ 正常</td><td>□ 不正常</td></tr><tr><td>波形采集(不用者不填)</td><td>□ 正常</td><td>□ 不正常</td></tr></table>	※注明测试条件、插件代码和编号,控制单元针脚代号以及测量结果
故障部位确认和排除	<table><tr><td>故障类型</td><td>确认的故障位置</td><td>排除处理说明</td></tr><tr><td>线路故障</td><td></td><td>□ 更换□ 维修□ 调整</td></tr><tr><td>元件故障</td><td></td><td>□ 更换□ 维修□ 调整</td></tr></table>	

5. 故障点 4——诊断与排除过程

作业项目	作业内容	备注
故障现象确认		※确认故障症状并记录症状现象
模块通信状态及故障码检查		
正确读取数据	<table><tr><td>项目</td><td>数值</td><td>单位</td><td>判断</td></tr><tr><td></td><td></td><td></td><td></td></tr><tr><td></td><td></td><td></td><td></td></tr><tr><td></td><td></td><td></td><td></td></tr><tr><td></td><td></td><td></td><td></td></tr><tr><td></td><td></td><td></td><td></td></tr></table>	※如果无相关数据则无须填写
清除故障码并再次读取	确认故障码是否再次出现,并填写结果 □ 无 DTC □ 有 DTC:	
确定故障范围	结合仪表现象、诊断数据和电路图分析,最有可能的故障范围:	
部件/电路测试	<table><tr><td>部件/线路范围</td><td colspan="2">检查或测试后的判断结果</td></tr><tr><td></td><td>□ 正常</td><td>□ 不正常</td></tr><tr><td></td><td>□ 正常</td><td>□ 不正常</td></tr><tr><td></td><td>□ 正常</td><td>□ 不正常</td></tr><tr><td></td><td>□ 正常</td><td>□ 不正常</td></tr><tr><td>波形采集(不用者不填)</td><td>□ 正常</td><td>□ 不正常</td></tr></table>	※注明测试条件、插件代码和编号,控制单元针脚代号以及测量结果
故障部位确认和排除	<table><tr><td>故障类型</td><td>确认的故障位置</td><td>排除处理说明</td></tr><tr><td>线路故障</td><td></td><td>□ 更换 □ 维修 □ 调整</td></tr><tr><td>元件故障</td><td></td><td>□ 更换 □ 维修 □ 调整</td></tr></table>	

6.最终维修结果确认

作业项目	作业内容	备注
维修后故障代码读取,并填写读取结果		
与原故障相关数据检查结果	<table><tr><td>项目</td><td>数值</td><td>单位</td><td>判断</td></tr><tr><td></td><td></td><td></td><td></td></tr><tr><td></td><td></td><td></td><td></td></tr><tr><td></td><td></td><td></td><td></td></tr><tr><td></td><td></td><td></td><td></td></tr><tr><td></td><td></td><td></td><td></td></tr><tr><td></td><td></td><td></td><td></td></tr><tr><td></td><td></td><td></td><td></td></tr></table>	※表中项目检查有内容时填写检查结果,如果没有时填写"无"。
维修后的功能操作确认并填写结果		

课后练习

一、选择题

1. 打开点火开关后,仪表正常点亮,但是解码仪无法与整车通信,原因可能是(　　　)。

A. 智能钥匙失效　　　　　　　　　　B.整车无电

C. 点火开关损坏　　　　　　　　　　D.OBD 诊断接口损坏

2. 交流充电插枪之后,仪表充电指示灯不亮,可能原因是(　　　)。

A. CC 断路　　　　　　　　　　　　B.充电枪电源未接

C. CP 断路　　　　　　　　　　　　D.点火开关损坏

3. 以下会造成动力电池故障灯点亮的原因是(　　　)。

A. 主接触器故障　　　　　　　　　　B.电机控制器不工作

C. 分压接触器不工作　　　　　　　　D. 漏电模块不工作

4. 以下会造成整车无法驱动的是(　　　)。

A. 智能钥匙电量不足　　　　　　　　B.动力电池包 SOC 低

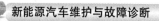

C. 旋变传感器余弦信号线断路　　　　D.DC - DC 不工作

5. 旋变传感器的故障码一般出现在哪个整车模块? (　　　)

A. 电机控制器　　　　　　　　　　B.动力电池管理器

C. 充电控制器　　　　　　　　　　D.空调控制器

二、判断题

1. 漏电传感器如果检测到绝缘阻值小于设定值时,它通过 CAN 线和硬线同时将漏电信号发给 BMS,BMS 进行漏电相关报警和保护控制。　　　　　　　　　　　　　(　　)

2. 在整车上 OK 电之前,电机控制器也需要对码。如果电机控制器未进行匹配,整车是无法上 OK 电的。　　　　　　　　　　　　　　　　　　　　　　　　　(　　)

3. 未插枪,仪表充电指示灯亮,一定是 CC 搭铁。　　　　　　　　　　　(　　)

4. CAN - H 对 CAN - L 的电阻值为 60 Ω,此通信网络一定正常。　　　　(　　)

5. 在车辆交流充电口可以测到 CP 对搭铁有 12 V 电压。　　　　　　　(　　)

参考文献

［1］周梅芳.新能源汽车概论［M］.北京:机械工业出版社,2017.

［2］吴立新.新能源汽车维护与故障诊断［M］.北京:人民交通出版社,2017.

［3］包丕利.新能源汽车维护与保养［M］.北京:机械工业出版社,2018.

［4］王辉.新能源汽车技术［M］.长春:吉林大学出版社,2016.

［5］何忆斌,候志华.驱动电机及控制技术［M］.北京:机械工业出版社,2017.

［6］包科杰,徐利强.新能源汽车维护与故障诊断［M］.北京:人民交通出版社,2017.